역사를 읽으면 통찰력을 얻는다
중국역사를 읽으면 중국으로 가는 길이 보인다

21일간의 이야기만화 역사기행

만리 중국사

COMIC VERSION OF CHINESE HISTORY 47, 48

Copyright ⓒ 中国美术出版社总社连环画出版社, 2011; 编绘：孙家裕；主笔：谢碧勋 · 潘广维
Korean translation copyright ⓒ Korean Studies Information Co., Ltd., 2013
Korean translation rights of 《COMIC VERSION OF CHINESE HISTORY》
arranged with LIANHUANHUA PUBLISHER directly.

21일간의 이야기만화 역사기행

만리 중국사

21권 청 2

초판인쇄 2014년 3월 7일
초판발행 2014년 3월 7일

글·그림 쑨자위
글 셰비쉰·판광웨이
옮긴이 류방승
펴낸이 채종준
기획 권성용
편집 정지윤, 백혜림
디자인 박능원, 이효은
마케팅 송대호, 정경철, 이행은

펴낸곳 한국학술정보(주)
주소 경기도 파주시 회동길 230 (문발동 513-5)
전화 031) 908-3181(대표)
팩스 031) 908-3189
홈페이지 http://ebook.kstudy.com
전자우편 출판사업부 publish@kstudy.com
등록 제일산-115호(2000. 6. 19)

ISBN 978-89-268-5437-2 14910
     978-89-268-5416-7 14910(set)

대륙의 마지막 봉건왕조

쑨자위 글·그림
셰비쉰·판광웨이 글

만리중국사

21일간의 이야기만화 역사기행

중국은 세계 4대 문명 발상지 가운데 하나다. 중화 문명은 아득히 먼 옛날부터 수천 년 동안 전해져 내려오며 상고上古, 하夏, 상商, 주周, 춘추春秋, 전국戰國, 진秦, 서한西漢, 동한東漢, 삼국三國, 서진西晉, 동진東晉, 남북조南北朝, 수隋, 당唐, 오대십국五代十國, 송宋, 요遼, 서하西夏, 금金, 원元, 명明, 청淸 등의 역사 시대를 거쳤다.

중화 문명은 세계에서 가장 오래된 문명이자 가장 오래 지속된 문명이기도 하다. 중화 문명과 어깨를 나란히 한 문명으로는 고대 바빌론 문명, 고대 그리스 문명, 고대 이집트 문명 등이 있다. 어떤 문명은 중국보다 먼저 발생하고, 또 범위도 훨씬 넓었지만 이들은 이민족의 침입 혹은 스스로의 부패로 인해 멸망하여 결국 기나긴 역사 속에서 연기처럼 사라져 버렸다. 중국만이 세계에서 유일하게 문명 대국을 자랑하며 유구한 역사를 이어 오고 있다.

수천 년 동안 중화 민족은 무엇에도 굴하지 않는 강인한 의지와 과감한 탐구 정신, 총명한 지혜로 웅장한 역사의 장을 엶과 동시에 눈부시게 찬란한 물질문명과 정신문명을 창조했다.

이 책의 편집 제작은 정사正史를 바탕으로 진실하고 객관적인 사실을 전달하는 데 주력했다. 또한 역사를 만화 형식으로 풀어 씀으로써 독자들이 아름답고 다채로우며 생동감 넘치는 장면을 느끼리라 기대한다. 독자 여러분들이 쉽고 재미있게 읽는 가운데 역사를 직접 느끼고 역사에 융화되어 깨닫는 바가 있기를 바란다.

지롄하이紀連海
중국 CCTV '백가강단百家講壇' 강사

대륙의
마지막 봉건왕조

1616년, 청 태조 누르하치가 후금後金을 건국한 후 지속적으로 명나라를 침략했으며 뒤를 이은 홍타이지는 1636년에 나라 이름을 청淸으로 바꾸고 정식으로 황제에 올랐다. 청나라는 산해관山海關의 수장 오삼계吳三桂를 앞세워 중원으로 진격해 이자성을 물리치고 북경을 점령했다. 이로써 중국은 또다시 이민족 왕조가 통치하는 시대로 접어들었다.

청은 초기에 민족과 계급 갈등을 완화하기 위해 황무지 개간 장려와 감세 정책 등을 실시하여 사회·경제적으로 발전을 이룩했다. 이후 강희康熙·옹정雍正·건륭乾隆 삼대 백여 년 동안 중앙집권 체제가 더욱 강화되면서 국력이 막강해지고 안정과 번영을 누렸다. 삼번三藩의 할거 평정, 대만 통일, 티베트에 대한 통치 강화, 중가르와 회강回疆 귀족 반란 진압, 흑룡강을 침략한 제정러시아 격퇴 등으로 통일된 다민족국가 체제가 한층 더 공고해지고 발전하면서 청은 아시아 동부에서 영토가 가장 광활한 왕조가 되었다.

하지만 건륭제를 기점으로 정치가 부패하면서 민란이 일어나기 시작했고, 뒤이어 재정 곤란과 서구 열강의 침략으로 점차 쇠퇴일로를 걸었다. 결국 1840년, 중화 사상의 몰락을 알리는 아편전쟁이 일어나 힘 한번 제대로 쓰지도 못하고 영국에 패해 '남경조약'이라는 불평등조약을 맺고, 홍콩을 영국에 할양하는 지경에 이르렀다. 이를 시작으로 청나라는 미국·포르투갈·스페인·러시아 등 각국과도 불평등조약을 맺게 되었다.

1850년에는 억압과 착취에 반항하는 홍수전洪秀全의 주도로 태평천국太平天國의 난이 일어났다. 이로 인해 청나라가 통치력을 상실하자 영국과 프랑스 연합군은 2차 아편전쟁을 일으켰고, 1894년에는 중일전쟁이 발발해 일본과 굴욕적인 '마관조약'을 체결했다. 이런 상황에서 중국인들은 과거의 중화 사상을 버리고 다가오는 열강의 위협 속에서 본격적으로 새로운 길을 찾기 시작했다.

강유위康有爲를 필두로 한 유신파維新派 지식인들은 부국책의 일환으로 서구의 선진 과학문명과 정치제도의 도입을 주된 내용으로 하는 변법운동變法運動을 일으켰다. 그러나 이들의 시도는 수구 세력의 반대로 100일 만에 실패로 돌아갔다. 1900년에는 열강을 물리치자는 애국애족운동인 의화단義和團 운동이 일어났으나 영국을 비롯한 8개국 연합군에게 진압되어 실패로 끝났다. 1911년 10월 10일, 손문孫文의 주도로 신해혁명辛亥革命이 일어나 1912년에 청이 무너지면서 2천여 년을 이어온 중국의 봉건 체제가 마침내 붕괴하고 민주 공화정치 시대가 서막을 올렸다.

상고 上古	B.C. 약 800만~2000년
하 夏	B.C. 2070~1600년
상 商	B.C. 1600~1046년
주 周	B.C. 1046~771년
춘추 春秋	B.C. 770~403년
전국 戰國	B.C. 403~221년
진 秦	B.C. 221~206년

한 漢	서한 西漢	B.C. 206~A.D. 25년
	동한 東漢	25~220년

삼국 三國_위·촉·오	220~280년

양진 兩晉	서진 西晉	265~317년
	동진 東晉	317~420년

남북조 南北朝	420~589년
수 隋	581~618년
당 唐	618~907년
오대십국 五代十國	907~960년

송 宋	북송 北宋	960~1127년
	남송 南宋	1127~1279년

요 遼	907~1125년
서하 西夏	1038~1227년
금 金	1115~1234년
원 元	1271~1368년
명 明	1368~1644년
청 淸	1644~1911년

청 淸

- 1840년 제1차 아편전쟁 발발
- 1842년 청이 영국군에 항복하고 '남경조약' 체결
- 1843년 홍수전이 배상제회拜上帝會를 창립
- 1844년 청이 미국·프랑스와 불평등조약 체결
- 1850년 태평천국 기의 폭발, 함풍제 즉위
- 1852년 증국번이 상군을 조직하여 태평군 토벌에 나섬.
- 1853년 태평군이 남경을 점령하고 천경으로 개명
- 1856년 태평천국의 천경 사변, 제2차 아편전쟁 발발
- 1860년 북경조약 체결
- 1860~1890년 양부운동 선개
- 1861년 동치제 즉위, 신유정변으로 서태후가 정권 장악
- 1864년 태평천국운동이 실패함.
- 1875년 동치제가 서거하고 광서제가 즉위, 서태후의 수렴청정 시작
- 1881년 중국인이 최초로 철도를 건설함.
- 1884년 중·프 전쟁 발발
- 1894년 청·일 전쟁 발발
- 1895년 중국과 일본 간의 마관조약 체결, 흥중회의 총본부가 홍콩에 설치
- 1898년 무술정변 발생, 변법자강운동이 실패로 끝남.
- 1900년 의화단이 북경을 침입, 8국 연합군이 북경을 점령
- 1901년 신축조약 체결
- 1905년 손문이 중국 동맹회 결성
- 1908년 서태후와 광서제 서거, 선통제 즉위
- 1911년 신해혁명 발발
- 1912년 선통제 퇴위로 청이 멸망함, 손문이 사임하고 원세개가 중화민국 임시 대총통에 취임

차례

청 上

청 下

청 上

相
上
清

증국번曾國藩

청 말기의 정치가이자 학자. 태평천국이 쳐들어오자 상군湘軍이라는 의용군을 조직하여 난을 진압했다. 중국을 근대화로 이끈 양무운동洋務運動의 추진자 이기도 하다.

홍수전洪秀全

1843년에 배상제회拜上帝會를 창립했다. 1851년에 평화롭고 평등한 지상 천국 수립을 목적으로 군사를 일으켜 태평천국을 세우고 자신을 천왕이라 칭했다. 1853년에 남경을 점령하고 신국가 건설에 착수했으나 중도에 병사했다.

위창휘韋昌輝

홍수전과 함께 태평천국을 건국하여 북왕北王에 임명되었다. 천경사변天京事變 후 내분으로 처형되었다.

양수청楊秀淸

홍수전에게 가담하여 단번에 태평천국 지도자 자리에 올랐다. 동왕東王에 봉해지고 군사적 실권을 쥐었으나 홍수전의 대권을 침범하는 등 횡포가 심해지자 그와 가족, 부하 등 수천 명이 함께 처형당했다.

이수성李秀成

태평천국의 무장.
극빈 농가에서 태어나
1849년에 배상제회에
가입했다. 외부 세력과
용감하게 맞서 싸웠고
충왕忠王에 올랐다.

자희태후慈禧太后

서태후西太后로 널리 알려져
있다. 함풍제의 비이자
동치제의 생모, 광서제光緒帝
의 양어머니다. 동치와 광서
양대에 걸쳐 권력을 휘두르며
중국을 47년간 통치했다.

이홍장李鴻章

청 말기의 정치가.
자신이 조직한 회군淮軍을
이끌고 태평천국을 진압
했다. 양무운동을 적극적
으로 추진했고, 열강들을
서로 견제시키며 타협
정책을 취했다.

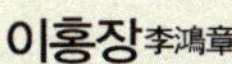

좌종당左宗棠

청 말기의 정치가이자
군사가. 태평천국을 진압
하고 해군을 창설하여
양무운동의 선구자가 되었다.
신강新疆 위구르족의 난을
평정했다.

시대별지도
청清
아극살雅克薩
흑룡강黑龍江
길림
성경盛京
신강新疆
내몽고內蒙古
북경北京
천진天津
감숙甘肅
산서山西
산동山東
청해青海
청清
남경南京
안휘安徽
강소江蘇
섬서陝西
하남河南
상해上海
티베트
사천四川
무창武昌
절강浙江
호북湖北
호남湖南
강서江西
귀주貴州
복건福建
광서廣西
대만도臺灣
운남雲南
광주廣州
광동廣東
N
W
E
S

홍수전이 태평천국을 수립하다

휘익—
공자, 당신은 결코 성인이 아니오. 나를 시험에서 떨어뜨린 벌로 위패를 부숴 버리겠다!

형, 이러지 마!
냐!
4억 한족이 만주족 수백만 명에게 고통당하는 현실이 정말 부끄럽구나!

화내는 건 화내는 거고, 내일 학교에 가서 학생은 가르쳐야지.

평생 선생질이나 할 팔자구나.
휴…

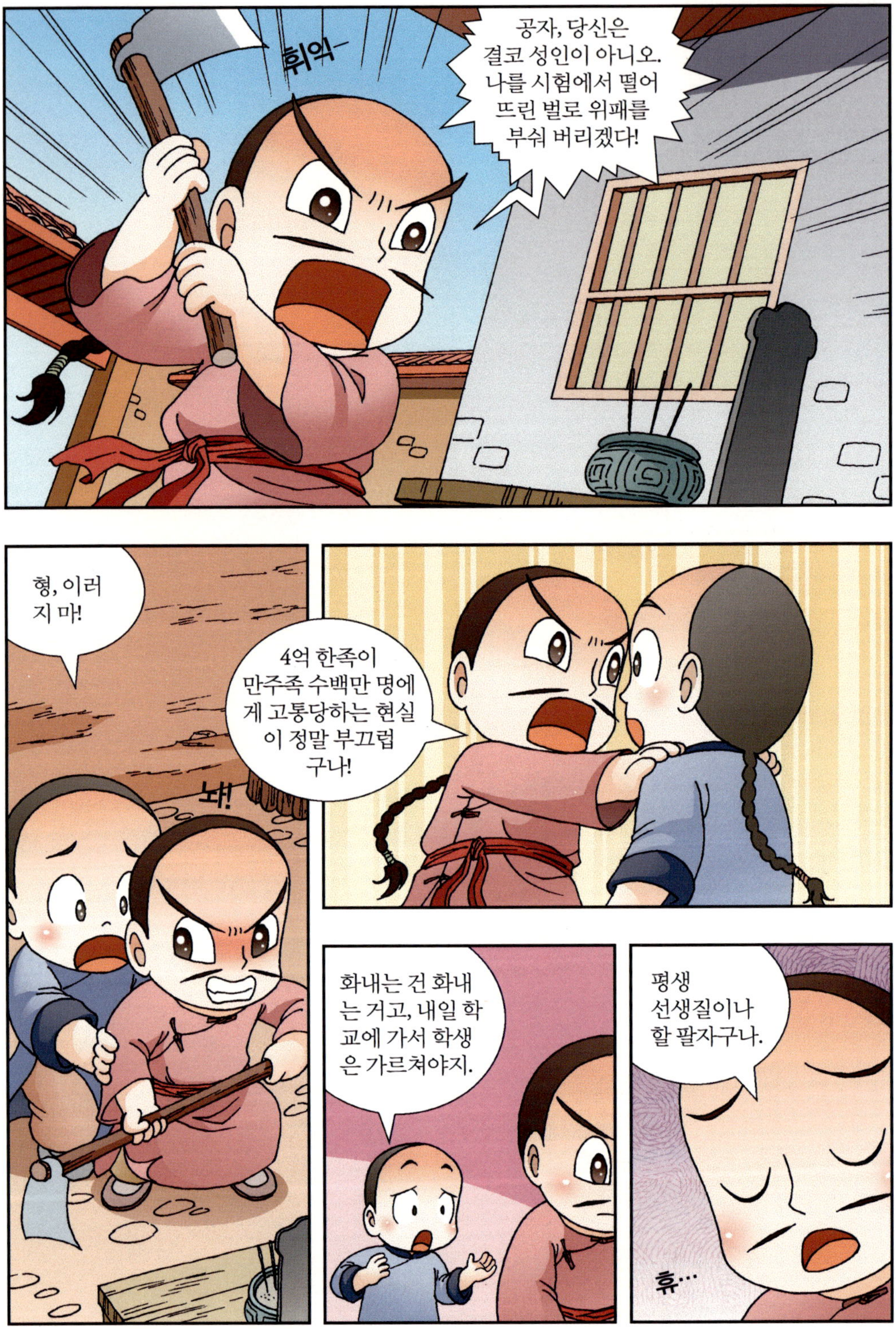

16

*권세양언 勸世良言
1832년 중국 광주 출신 양발梁發이 중국인 선교용으로 만든 책. 홍수전의 태평천국 수립에 결정적 영향을 주었다.

어쩐지 공자가 시험 합격에 도움을 주지 못하더라니.
원래 세상에 법력을 가진 신은 하느님과 예수였어!
이거였어!
오늘부터 기독교를 믿고 중국에 복음을 전파하자!

기독교에 심취한 홍수전은 먼저 가까운 친구들을 끌어들였다.

풍운산, 홍인간, 우리 함께 기독교 전도 사업을 시작하자!

교리가 너무 맘에 든다. 난 가입할래!
그럼 더 많은 사람이 기독교를 믿도록 전도에 나서자!
반짝 반짝

에휴, 다들 우릴 미친놈 취급하고 기독교를 믿으려 하지 않아.
처음엔 힘들 었지만 난 자형산 지구에 이미 신도 수십 명을 전도해서 미래 가 밝다고 봐!
신도도 생겼 으니 그럴듯한 우리 분파만의 이름을 짓자.
좋은 생각이야.

우리가 하느님 과 예수를 믿고, 하느 님이 예수보다 대단 하니까 '배상제회' 라고 부르자.
멋진 이름인데!
어때?
굿~!

책에 보면 선지자들은 자신의 고향에서 환영을 못 받았다고 하니 외지로 나가 전도하자!

가난한 사람은 믿게 하기 쉬워. 광서에 가난한 사람이 많으니 일단 거기로 가 보자!
좋아!

이쪽은 새로 가입한 양수청이야. 산에서 숯을 굽는데 담력과 식견이 뛰어나지.

많은 광서 사람이 미신을 믿고 귀신을 숭배해서 먼저 귀신을 없애야만 하느님을 믿게 할 수 있습니다.
오, 일리 있는 말이군.

그럼 당장 이 지역 최고 미신인 감왕을 타도하러 가자!
좋아!

감왕묘
甘王廟

석상을 부숴라!

멈추세요! 이러면 천벌을 받습니다!
쾅!

어떤 놈이 감왕묘를 부순다 하니 얼른 지키러 갑시다!

우르르~

이 악당 놈들아, 당장 감왕묘에서 손을 떼라!
니들은 오늘 내 손에 죽었다!
監牢

이때 갑자기 한 사내아이가 바닥에 쓰러졌다.
윽!

왜 저러지?

나는 감왕의 현신이다. 나를 부순 저들은 신성한 자들이라 너희들이 절대 해칠 수 없다!
펄쩍 펄쩍

우상 파괴 활동으로 배상제회의 세력이 갈수록 커지면서 지방 관리들과 무력 충돌이 발생했다. 1851년, 배상제회는 금전에서 정식으로 기의하여 태평천국을 수립하고, 홍수전은 스스로 천왕에 올랐다.

컥!
철퍼덕
왜, 왜 그러세요?
어허, 나는 하느님이다. 빨리 무릎을 꿇어라!

하느님이 현신하셨다.
하느님을 뵙습니다.
넙죽
꾸벅

내 아들 홍수전이 산속에서 포위를 당했는데 그를 구하지 않으면 지옥에 떨어지게 된다!
용서해 주십시오. 당장 구하러 가겠습니다!

으윽…!
하느님!
하느님!
풀썩

방금 무슨 일
이 있었느냐?

하느님이 장군
몸에 현신해서
천왕을 구하라
고 하셨습니다!
그래?

그럼 뭘 꾸물
대느냐? 빨리
천왕을 구하
러 가자!
천왕을
구하자!

사왕

돌격!

저들은 누구지?
목숨 걸고 달려드는데!

우리가 이겼다!

빨리 도망 가자!

형제들, 수고가 많았다!
천왕 만세!

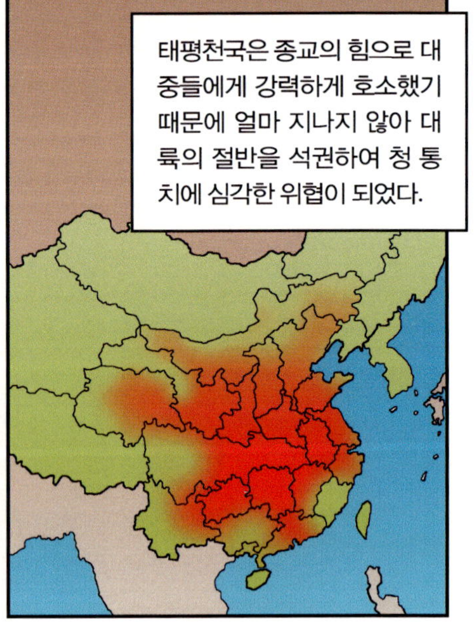

태평천국은 종교의 힘으로 대중들에게 강력하게 호소했기 때문에 얼마 지나지 않아 대륙의 절반을 석권하여 청 통치에 심각한 위협이 되었다.

태평천국에 내분이 일어나다

태평천국은 남경을 점령한 후, 이름을 천경天京으로 바꾸고 도읍으로 정했다. 이때 동왕 양수청이 대권을 장악하자 천왕 홍수전은 물론 북왕 위창휘와 익왕 석달개石達開 모두 불만이 쌓여갔다.

양수청은 자신의 힘을 과시하기 위해 태평천국 조정에서 연극 한판을 꾸몄다.

내가 바로 하느님인데 왜 무릎을 꿇지 않느냐?
헉-

양수청이 이제 내 앞에서까지 귀신놀이를 하다니, 윽!
보자보자 하니까!

짐에게 어떤 가르침을 주려고 강림하셨나이까?

너와 동왕은 다 내 아들이다. 동왕의 공적이 그리 큰데 어째서 구천세를 칭하느냐?

28

공로가 가장 큰 동왕을 만세로 칭하겠습니다.
하하, 그게 좋겠다. 난 이만 돌아간다!
bye~
bye~

어, 무슨 일이 있었지?
놀고 있네.
깨셨다!

동왕, 깨어 났구려. 하느님이 동왕 몸에 현신했소.
하느님이 뭐라고 하셨습니까?
시침 뚝!

짐에게 그대를 만세에 봉하라고 하셨네.
정말 그리 말씀하셨나요?

태평천국은 천왕이 건립했는데 제가 만세를 칭하면 천왕은 만만세를 칭해야 마땅합니다.
가증스런 양수청 놈이 만세를 칭하다니. 너를 꼭 죽이고 말겠다!
하하, 만세 책봉은 성대한 의식이라 길일을 가려 거행합시다!
감사합니다, 천왕!
아오—
비켜라! 동왕의 가마가 나가신다!
이크!
앞에 길이 좁아서 가마가 통과하기 어렵습니다.
감히 누가 내 길을 막느냐! 집을 헐어라!

양수청이 갈수록 거만해져서 짐에게 점점 위협이 되고 있다!
출세시켜 준 은혜도 모르고 뒤통수를 칠 놈이야!
북왕과 익왕도 양수청에게 불만이 많으니 이들을 도성으로 불러 역적을 제거하십시오!
좋다, 그렇게 하자!
북왕의 군대가 천경과 가까이 주둔해 며칠 내로 이를 수 있으니 사람을 보내 그를 부르십시오.
나는 북왕 위창휘다. 성문을 열어라!
위창휘는 홍수전의 밀지를 받고 양수청을 제거하기 위해 천경으로 곧장 달려왔다.

동왕의 명이 없이는 누구도 천경에 들어오지 못 합니다!

나에게 천왕의 영패가 있다. 감히 천왕의 명을 거역 하는 것이냐?
太平天國
玉

천왕의 영패야. 빨리 성문을 열라고.
저벅
저벅

동왕부
東王府

천왕께서 동왕과 의논할 일이 있다. 문을 열어라!

안으로
드시지요.

무슨
소리지?
벌떡

죽여라!
윽!

양수청,
오늘이 바로
네 제삿날
이다!
으악!

천왕, 양수청을 제거했습니다!
잘했소. 이제 근심을 완전히 덜었구려.

하지만 천경에 양수청의 잔당이 많아 모반을 일으킬까 걱정입니다.
그럼 어쩌지?

저들을 속이는 겁니다!

우다다―

위창휘가 멋대로 동왕을 죽여서 천왕이 그를 처형한대!
천왕부에는 무기를 가지고 들어갈 수 없다!
흥, 천왕이 동왕을 위해 복수하지 않으면 동왕부의 사람들은 절대 그를 따르지 않을 거라고.
천왕부로 가서 위창휘의 처형을 구경하자!

그렇긴 하지. 무기를 지니면 천왕에 대한 불경이니까.
무기를 놓고 가자.

까악
깍ㅡ

동왕부의 사람을 모두 무장 해제시켰습니다. 저들을 어찌 처리할까요?

이때 익왕 석달개*가 뒤늦게 천경에 도착했다.

* **석달개石達開**
  중국 태평천국의 지도자. 태평군 거병의 중심인물이다. 태평군의 내분으로 양수청, 위창휘가 살해된 뒤, 남경에서 정치를 거들게 되었으나 홍수전에게 소외당해 군을 이끌고 남방의 여러 성을 전전했다.

양수청과 한패라고 복수라도 하겠단 건가?
한패라니! 함부로 모함하지 마라!

기다려라. 천왕에게 보고하고 벌을 내릴 테니.

다다다
北
쳇, 어이가 없어서……

천경은 이미 북왕이 장악하여 언제 군대를 이끌고 공격해올지 모릅니다.
여기서 죽음을 기다릴 순 없다. 철군하자!

석달개는 군사를 모집해 천경으로 쳐들어가 홍수전에게 위창휘를 죽이라고 협박했다. 하지만 얼마 후 석달개도 홍수전의 의심을 사게 되면서 천경을 빠져나왔다. 이 천경 변란은 태평천국이 성세에서 쇠퇴로 접어드는 전환점이 되었다.

증국번이 태평천국군을 대파하다

천경 변란 후 홍수전은 진옥성, 이수성 등 청년 장수들을 발탁하여 청군을 연파했다. 이때 태평천국의 가장 강력한 적수는 증국번이 이끄는 상군이었다.

수천 년간 내려온 전적典籍과 문화가 이들 손에 모두 파괴되고 있다.
공맹이 만약 구천에서 이 사실을 안다면 통곡할 일이다!

이는 유교가 생긴 이래 한 번도 없었던 일이다!
식자라면 당연히 소매를 떨치고 일어나 역적 놈들과 끝까지 싸워야 한다!

역적을 제거하고 유교를 수호하자!

아군이 이미 경안을 포위했습니다!
잘했다!

경안은 남경 상류의 병풍이라 이곳만 뺏으면 남경을 쉽게 손에 넣을 수 있다.

증국전, 너는 군사를 이끌고 집현관을 지켜라!
예!

양재복, 포초는 각각 기반령과 능호에 주둔하라!
예!

너희들은 반드시 역적의 원군을 막아야 한다!
꼬옥—
염려 마십시오!

증국번 진영

이는 우리의 운명이 걸린 싸움이다! 안경을 함락하면 하루 동안 약탈을 허락하겠다!

약탈한 돈으로 고향에 돌아가 집을 지어야지!
내 거듭 육전 승리의 비법을 알려 주겠다!
첫째, 영채를 차릴 때는 언덕을 잘 살피고
전쟁은 애들 장난이 아니다. 다들 '육군 승리가'를 꼭 기억해라!
둘째, 전투에 임하면 세 부대로 나누어 출격하라.
가운데 부대는 잠시 멈추고 좌우 양쪽 부대가 먼저 나가라.
한쪽 부대를 도와주고 다시 한쪽을 매복해라.

펑!
펑!

돌격!

진옥성이
직접 총공세를
취해 아군 진지가
위험합니다!

몸을 닦은 후에
집을 가지런히 하고,
집을 가지런히 한 후에
나라를 다스리며, 나라
를 다스린 후에 천하를
평정하라!

출동
하라!

44

증국번의 상군이 안경성으로 진입
하려던 태평천국의 구원군을 모두
무찌르면서 안경성은 점점 고립무
원의 위기에 빠지고 말았다.

다들 잘 싸워
주었다. 진옥성은
이제 안경성과 호응
이 될 수 없다.

모두 스승님
의 능숙한 지휘
덕분입니다!

자, 이제
한층 더 분발해
반드시 안경성을
함락하자!
가는
거야!

으싸!
으싸!

안경성까지 지하도를 팠으니 이제 화약을 묻기만 하면 됩니다.

역적들이 불꽃놀이를 좋아한다는구나. 오늘 화약의 위력을 보여 주자!
파하하~

도르르~

콰!

돌격!

역적 놈들이 오래 굶고도 아직 힘이 남아 있구나.
와―
스승님, 역적 대장 섭예를 죽였습니다.
오~
잘했다!

하루 동안 약탈을 허락했으니 다들 마음껏 빼앗아라!
감시합니다!

돈! 돈!

귀중품을 모두 내놔라!
나리, 봐주십시오. 겨우 목숨 부지할 돈만 남았습니다!

그럼 죽어라!
으악!

이 역적을 어찌 처리할까?
제발 목숨만 살려 주십시오!

죽여라!
헉!

어디 건질 만한 게 있나 볼까?

죽여라!
살려 주세요! 전 반란군이 아니라고요!

장병들이 무고한 백성까지 도살합니다. 살육을 멈춰 주십시오!

이미 한 약속이니 그냥 내버려 두어라.

우리는 줄곧 유가의 도를 부르짖었는데 어찌 이런 불의한 짓을 할 수 있습니까?
허허, 나는 생각이 좀 다르다.

난세에는 법규가 엄격해야 한다. 백성들에게 우리의 무시무시함을 알리면 감히 역적을 돕지 못할 것이다!
법이 우선!

태평군이 안경을 포기하고 적장 진옥성은 여주에 갇혀 있으니 당장 쳐들어가시죠.

진옥성이 매우 용맹하여 여주를 함락하기는 쉽지 않다.
승보와 다룽아 장군이 이미 대군을 거느리고 여주 공격에 나섰습니다.
그렇다면 …

승보는 만주 귀족이니 여주 공격 공로만큼은 그에게 양보하자.

대군은 휴식을 취하고 남경 공격을 준비하라!
예!

진옥성은 패전을 거듭한 데다 부하의 배신으로 결국 비참한 죽음을 맞았다. 진옥성의 패전으로 태평천국의 서쪽 문호가 열리면서 천경의 정세가 매우 다급해졌다.
太平天國

이홍장의 회군이 상해를 지키다

태평천국은 서쪽 전선에서는 패했지만 동쪽 전선에서는 연전연승을 거두었다.

1862년 봄, 충왕 이수성이 태평군을 이끌고 상해 외곽을 공격했다. 상해에서 사방으로 구원을 요청하자 이홍장이 새로 조직한 회군을 거느리고 상해에 도착했다.

어휴, 냄새! 돈을 그렇게 많이 주고 거지 병사들을 부른 거야?
별수 없지. 더 이상 기댈 데도 없잖아.
윽
마중 나와 주셔서 감사합니다. 여러분의 기대에 꼭 부응하겠습니다!
이
홍
장

우리 회군은 반드시 이수성을 몰아내고 상해를 지키겠습니다!
오합지졸!
집에 가자!

너무 기죽지 마세요. 상해인들이 곧 우릴 다시 보게 될 테니까요.

휴, 다들 우리를 안 믿는 분위기군.

상해에는 청군과 미국 조총 부대가 있지만 절대 태평군의 상대가 못 돼.
정학계, 병사를 조련하며 때를 기다렸다가 태평군에게 회군의 위력을 보여 주자고.
명심하겠습니다!

李
충왕, 전방 가정성에는 양인 수백 명이 주둔하고 있는데 공격할까요?
이수성

일단 대포를 포진하고 성을 공격하지는 말아라.
왜요?

남상에 매복해 있다가 가정을 구하러 오는 양인을 유인해 일망타진할 생각이다!
좋은 작전입니다!

다다다
빨리! 늦으면 가정이 함락당한다!
서둘러!

하하, 놈들이 매복에 걸렸다!
!!

발사!
탕!
탕!

빨리 달아
나자!

태평군이 홍교,
조하진, 서가회에 이르
러 영프 연합군이 감히
싸우지 못하니 회군을
출전시켜 주
십시오.

가능한 한 빨리
군대를 보낼 테니
절대 후퇴하지 마십
시오. 상해를 잃으
면 끝장입니다!
알겠소!

드디어 우리가 나설 차례다!

기세등등한 태평군과 지금 싸우면 어렵게 키운 회군을 잃게 된다.
정말 주도면밀하십니다.

서둘지 말고 먼저 청군이 나서게 놔둬라.
어째서요?

돌격!
윽!

이홍장이 출전하지 않으면 상해는 함락되고 만다!
탕!
탕!
출병을 약속하고서 아직 나타나지 않았습니다.
제길!
탁!

이제 어쩌죠?
태평군에게 잡혀도 죽고 도망치면 폐하에게 죽는다. 목숨 걸고 싸우는 수밖에 없다!
이홍장에게 다시 가서 파병을 재촉해라!
예, 갑니다요!

회군 진영
淮

장병들이여! 사람들의 냉대를 참으며 다들 오래 기다렸다. 이제 우리의 실력을 보여 줄 때가 왔다!

증국번의 상군이 천하에 명성을 떨쳤다면 지금은 우리 회군이 이름을 알릴 차례다!
전쟁은 우리의 가치를 증명할 가장 좋은 기회다!
태평군을 죽여 이름을 떨치자!
돌격!
와—
와—
淮
李
李

이 다리는 태평군 대포의 사정거리 내에 있어서 매우 위험합니다.
두렵지 않소. 이번 전쟁에서 지면 물에 빠져 죽을 생각이오!
임전 무퇴

빨리 달아 나자.
아니, 저들은…?

곽송림, 어딜 달아 나느냐?
이 대인?
달아나는 게 아니라 잠시 쉬려고…

계속 싸워라. 아니면 목을 베겠다!
비겁한 변명은 집어 치워!
헉!

당장 가서 싸우겠습니다!
후다닥

돌격!

방금 도망가지 않았나? 어째서 다시 왔지?

목숨을 걸고 덤빈 회군의 공격에 태평군은 결국 패하고 말았다.

우리 회군이 첫 출전에서 누구의 도움도 받지 않고 이수성을 격파했다.

이번 승리는 운이 따랐습니다. 사실 태평군이 너무 강합니다.

태평천국 진영

이홍장이 전에는 번번이 패했는데 어떻게 이리도 강해졌지?
허나 아직은 우리가 우세입니다.

우리 군사의 수가 많으니 소모전을 펼치면 상해를 금방 점령할 수 있습니다!

담소광, 네 말이 맞다. 다만……
왜 그러시죠?

현재 증국번의 상군이 천경으로 쳐들어와 급히 회군하라는 천왕의 명이다.
네엣?!

상해가 거의 손에 들어왔는데 포기하라고요?

천왕의 명을 거역할 수는 없다. 서둘러 천경으로 회군하라!

담소광은 가정, 청포에 남아라. 천경의 포위를 푼 다음 같이 상해를 공격하자!
알겠습니다.

태평군 주력부대가 상해에서 철수한 후, 이홍장은 조총 부대를 인수하고 단숨에 절강, 강소의 여러 지역을 수복했다. 이로써 태평천국의 동쪽 방어막도 점점 와해되었다.

태평천국의 멸망

* **찰스 G 고든**Charles G. Gordon
영국의 군인으로 이홍장의 휘하에서 태평천국의 난을 진압하는 데 공헌했다.

제가 들기로도 모왕 담소광을 제외하고는 싸울 의지가 없답니다.

정학계, 그럼 고든 장군과 가서 투항을 권유해 보게.
예!

소주

청군과 양인이 성 아래까지 육박해 왔으니 적을 물리칠 계책을 말해 보시오.

지금 상황은 하느님이 내려오지 않는다면 우린 모두 끝장이오!
고영관, 감히 군심을 어지럽히느냐?
기운 빠지는 소리 그만하게!

담소광, 사람은 때를 정확히 알아야 해. 우리 같이 투항하는 게 어떻겠나?
맞습니다. 투항합시다.

네놈을 죽이고 말겠다!

우리를 원망하지 말게나.
다들 한통속이었구나!
척
척
척

부끄러움을 모르는 소인배들, 쏠 테면 쏴라!
자아!
미안하다, 모왕…

으악!
탕!

고영관 등은 담소광을 죽이고 성문을 열어 이 홍장에게 투항했다.

이 대인, 담소광의 머리 입니다.

오, 조정에서 분명 큰 상을 내릴 것이다.

명령만 내리시면 천경으로 진격해 홍수전과 이수성을 사로잡아 오겠습니다!
명령을 내려 주십시오!
조급해하지 말고 잠시 기다려라. 내 곧 돌아올 테니.
뭐지?

전부 죽여 버릴까요?

죽여라. 불의하고 무례한 저런 놈들은 살려 뒤야 발썽만 일으킨다!
한번 배신자는 영원한 배신자야!

이 대인, 투항한 자들을 왜 죽인 겁니까?

까악
깍

내 명예를
걸고 그들을 살려
주기로 약속했는데
날 나쁜 놈으로
만들다니!
오늘 끝장
을 봅시다!
고든 장군,
제발 참으
세요!
히익

고든의
화는 가라앉
았느냐?
예.

그리고 제가
조정과 영국 공
사에 이 사실을
보고해 곧 소환될
예정입니다.
더는
못 봐줘!
고든이 갈수록
막무가내구나.
이참에 상승군을
해체해야겠다!

이미 소주를 탈환했으니 승세를 타서 남경을 공격해 가장 먼저 대공을 세우시죠!
음……

애초에 증국번의 도움이 없었다면 우리 회군도 조직되지 못했을 것이다.

우리는 이미 대공을 세웠다. 남경은 상군에게 양보하자.
흥, 그들은 정말 거저먹기로군요!

남경
펑!
펑!
펑!

천왕, 상군이 곧 성으로 들어옵니다. 일단 도망쳤다가 다시 재기하십시오!
무엄하구나! 짐의 강산은 철통처럼 견고해서 네가 못 지키면 다른 사람이 지킨다!
지금 병력이 많이 모자랍니다.
현실을 좀 보시라고요!
뭐라고? 짐이 천병을 부를 테니까 잠깐만 기다려라!
또 수하들이 배를 곯으면서 상군과 싸우고 있으니 식량을 좀 나눠 주십시오.
왕궁 풀밭의 이슬을 모아다가 먹여라.
그걸 어찌 먹습니까?
간단

70

1864년, 홍수전은 천경이 수세에 몰린 상황에서 그만 병사하고 말았다.

태평군이 난
을 일으킨 지 10여
년이 지난 지금, 저
들을 궤멸할 때
가 왔다!

돌격하라!

와-
와아

펑!
펑!
펑!
군주를 호위
하고 포위를
뚫어라!

탕!
탕!

충왕,
살려 줘요!
히힝!

소군주,
제 말에 오르
십시오.
에휴―

역적
이수성을 잡았
습니다!

이수성, 네 죄를 알렷다?
나는 죽음을 면할 수 없겠지만 내 부하들에게 투항을 권유할 테니 그들을 죽이지는 말아 주시오.
부하들의 죽음을 차마 보지 못하면서 왜 진즉 항복하지 않았느냐?

내 부귀는 모두 천왕이 준 것이라 그를 배신할 수 없었소.
지금 어린 군주도 도망쳐 더는 바랄 게 없소.

1864년 7월, 천경이 상군에게 함락되고 이수성과 어린 군주가 잇달아 처형되면서 태평천국의 기의는 실패로 돌아갔다.

흥, 그래 봤자 내 수중에서 절대 벗어날 수 없다.
화근의 싹을 남기지 않겠다!!

중국을 근대화로 이끈 양무운동 上

서양과 협력해 태평천국의 기의를 진압하는 과정에서 증국번, 이홍장, 좌종당 등은 총과 대포의 위력을 실감하고 중국의 기기 제조 발전에 적극적으로 나섰다.

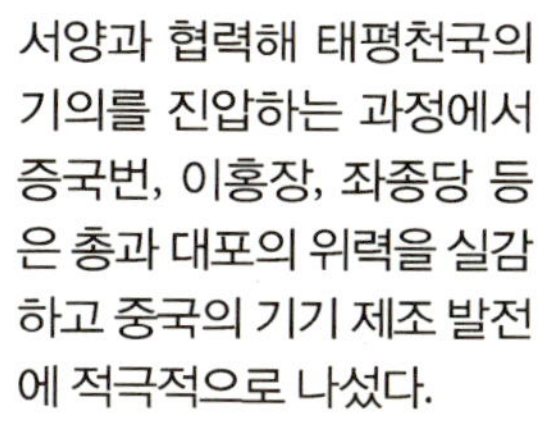

이홍장, 자신이 있다면 폐하와 태후에게 지원을 받아 강남에 제조총국을 설치하자.
좋습니다!
기쁨―
양인이 화기의 위력에 의지했다면 우리도 화기를 제조해 저들에게 대항하면 됩니다.

1865년, 이홍장은 청 조정의 지원으로 상해에 제조총국을 설치했다.
바쁜 와중에도 제조국에 시찰을 와 주셔서 몸 둘 바를 모르겠습니다.
정일창, 지금 생산은 얼마나 진척됐나?
매일 모제르 총 10자루와 탄환 수천 개를 제조하고 있습니다.

청군은 이제 청이 제조한 무기를 사용할 수 있게 됐구나!
좋았어!
기술자들은 최선을 다하고 있는가?
감독관이 채찍을 들고 감시해야만 일이 진행됩니다.
철썩
철썩
그게, 너무 게으름을 피워서……

참, 들으셨습니까? 좌종당의 복주 선국에서 이미 기선 제조에 착수했답니다.
뭐라고?

우리도 기술을 도입해 기선을 제조하자. 지금은 세관 수입으로 충당하겠다!
예, 대인!

좌종당이 기선을 제조했는데 우리는 총탄이나 만들어서야 면목이 서겠느냐!

강남 제조총국의 기선이 오늘 진수하는구나!
우리나라에서 선박을 제조하다니, 움직이긴 할까?

뚜— 뚜—
와, 멋지다!
하하
Hey~

이 염길호는 청이 독자적으로 건조한 최초의 기선입니다!
오, 아주 훌륭하구나!
청의 기선 이다!
만세!
하하하
청이 만든 최초의 기선이 묵직하면서도 빨리 움직이는구나. 정말 기쁜 일이다!
그렇습니다, 스승님!
펑!
만세!
만세!
펑!

좌종당의 복주 선정국

좌 대인, 강남 제조총국의 배가 이미 진수했 습니다!
뭐라고?

휴, 이홍장 에게 선수를 뺏겼구나!

낙담하지 마십 시오. 이홍장이 만든 배는 목선이니 우리 는 철갑선을 제조 하면 됩니다!
그래, 철갑선을 만들자!
OK~

복주 선정국에서 철갑선을 만든다고 심보정에게 편지 를 써야겠다.

심보정의 집
府沈

좌종당이 많은 나이에도 이홍장과 겨루려 하는구나.

더 나이 많은 증국번도 양무운동을 일으켰는걸요.

튼튼한 배는 겉으로 드러난 것일 뿐이다. 관건은 항해 인재이니 선정 학당 설치 준비를 해야겠다!
탁월한 식견이십니다.

선박 제조 지도는 두 분이 맡아 주십 시오.

중국인 일꾼은 게으르고 경험도 없어서 프랑스 기술자를 고용할 생각입니다.
그건 안 됩니다!

선박 제조는 부차적인 일입니다.
저는 우리의 선박 제조 수준을 높일 수 있는 기술자를 양성하고 싶습니다.

하지만 중국인과 외국 기술자가 함께 있으면 싸움만 일어나서…
물과 기름?!

그럼 프랑스 기술자 20명만 고용해 시범을 보이겠습니다.
그건……

좋소. 그건 선생의 의견에 따르리다.
하지만 우리 법률을 어기면 바로 본국으로 송환하겠소.
하하, 그러시죠.

심보정은 학당을 건립해 젊은 인재 양성에도 힘을 기울였다.
學堂

봉주르 (안녕)!
Bonjour
봉주르!

땡
땡
땡
심보정은 학당을 건립해 젊은 인재 양성에도 힘을 기울였다.

수업 끝!
안녕히 계세요!

오늘 프랑스어 단어 몇 개나 외웠어?
10개 정도 외운 것 같아.

내가 만든 기선 설계도야!
어디 봐!

뭘 보고 있는 게냐?
심 대인!

도면을 연구하고 있었구나. 훌륭하다!
헤헤……

이론만 배워서는 안 되니 공장에 가서 직접 교관들에게 조선 기술을 익혀라.

공장에 가 보자!

이 학생들은 진취심이 강하군.

무기 공장과 조선소의 생산량이 눈에 띄게 늘어서
중국 제조 군함도 곧 있으면 유럽 수준에 도달하겠어.

중국은 지금 두려운 적수로 변하고 있어. 정부 관료도 적극적으로 중국의 국제 지위를 회복하고 있고.

철썩~

복주 선정국에서 제조한 배가 우리 강남 제조총국보다 우수해서 방법을 강구해야 합니다.

우리의 조선 자재는 모두 외국에서 수입하고 거기에 운임비와 서양 교관의 봉급도 너무 많아.
허면?
차라리 튼튼하면서도 가격이 싼 서양 선박을 수입하는 게 낫겠어. 그렇게 절약한 돈으로 더 많은 일을 할 수 있다!
증국번, 이홍장, 좌종당 등의 노력으로 청 정부는 양무 기업을 건설하고 사회·경제 발전을 촉진했다. 이 과업은 동치·광서 연간에 진행되었기 때문에 이를 '동광 중흥'이라고도 부른다.

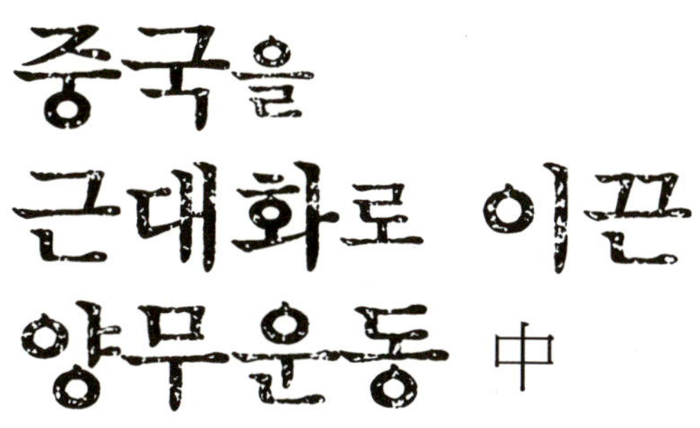

이홍장 등이 설립한 초기 양무 기업은 군수산업이 주를 이뤄 관리 미비, 지출 과다로 막대한 손실을 보았다. 이에 양무파는 부를 추구하자는 구호를 내세우며 점차 민생 산업으로 눈을 돌렸다.

* 성선회盛宣懷
청 말기의 대표적인 관료자본가. 양무운동 추진자의 한 사람으로 우전, 철도, 해운 관계의 요직을 지냈다.

＊초상국招商局
민간 자본을 끌어들이는 부서라는 뜻.

여러분이 보고 있는 것은 윤선초상국의 주식 모집 설명서입니다. 활발한 참여 부탁드립니다.

솔직히 말해서 정부가 개입하는 기업이라 우려가 많소.
돈이 되는 기업으로 만들면 정부가 우릴 내쫓고 이익을 독점할까 걱정이오.

초상국은 이홍장 대인이 든든한 버팀목이 돼 주고 있어서 염려할 필요가 없습니다.
분명 많은 이익을 낼 것이니 걱정 말고 투자해 주십시오.

수근 수근
쑥덕 쑥덕
이홍장 대인이 앞장선다 하니 우리도 참여하겠소. 다만 구체적인 금액은 다음에 다시 논의합시다.
그러시죠.

지금 모집한
20만 냥으로는 작은
배 대여섯 척 사는 게
고작이라 전혀 경쟁력
이 없단 말이지.
걱정이야
盛府

일단 기업을 설립
하고 돈을 벌어야
투자자를 더 끌어
들일 수 있겠어.
시작부터
쉽지 않군

뚜우―

사업은 잘
되시오?

이홍장은 성선회의 보고를 받고 즉각 정부 차원에서 대책 마련에 나섰다.

* 매판買辦
외국 기업이나 영사관 등에서 중국 상인과의 거래 중개를 맡기기 위해 고용한 중국 사람.

이홍장이 자본을 대거 투입해 초상국의 규모가 커지면 주식을 사려 해도 기회가 없을 것이오.
일리 있는 말이야. 당 총판은 역시 식견이 뛰어나.
난 보순양행에서 옮겨 왔는데 주식 24만 냥을 매입하려고 하오!
서윤
와!
서윤처럼 영리한 사람은 절대 손해 볼 장사를 하지 않아.
당정추와 서윤을 따르면 아무 문제 없을 거야.

우리도 주식을 매입하겠소!

우리도 매입하겠소!
헤헤…

두…둥!

이 대인, 보십쇼. 주식을 끌어 모아 건조한 선대입니다.

대인의 지원으로 올해는 많은 돈을 벌었습니다. 여기 장부입니다.
수고 많았네.

이 대인, 당 총판, 큰 건수가 있습니다!

미국 자본인 기창양행이 우리와 경쟁이 어렵자 회사를 내놨습니다.
얼마에요?

우리가 기창을 사들이면 국내 수운 시장의 절반을 점유할 수 있습니다.
상업 전쟁에서 양인을 이긴 최초의 사례이기도 하고요!

그렇게 비싸게?
260만 냥입니다.

좋소. 여러분이 기창과 협상을 벌여 가격을 낮추시오. 내 자금을 조달할 방법을 알아보리다.
예, 대인!

주문량이
많아서 올해
배당금도 적지
않을 거요.

하하, 기창을
사들여 우리 윤선
규모가 배로 확대
됐소이다!

정부가 필요
없는 관원들을 배치
해 하는 일 없이 급여
를 받아가 주주의
배당금에 영향
을 미치고,

정부는
이익이 나든 손해
가 나든 이자를 챙기니
주주들에게 매우
불공평하오.

그런데 정부의
관리 체제가 우리에
게 불리하단 생각이
들지 않소?

무슨
말이오?

아니
그렇소?

그럼 어쩔 생각이오?
이 대인에게 편지를 써야죠.

정부의 출자금과 이자를 환수하고 초상국을 완전히 민간 소유로 전환하라고요!
음……

이홍장의 집무실

당정추와 서윤이 날개가 다 자라니까 혼자 날려 하는군!

초상국은 이익이 많아 절대 그들에게 넘겨주면 안 됩니다.
군수 산업 지원을 위해 초상국을 설립했는데 그들이 앉아서 이익을 누리게 할 순 없지.
고얀지고!

서윤이 초상국의 돈으로 해외 주식에 투자했다가 큰 손실을 본 일이 있습니다.
이 일은 절대 그냥 넘어갈 수 없다!
예, 대인!

삑
삑
삑

서윤, 너는 기업 규정을 어기고 공금을 유용해 투기에 사용한 죄를 알고 있느냐?

잘못했습니다. 제 돈으로 손해 본 돈을 메우겠습니다.
그동안의 성과도 있고 하니 그를 너그러이 용서해 주십시오.

안 된다. 서윤은 이제 초상국 일에서 손을 떼라!
초상국에 제 주식이 있으니 되판 후에 손을 털겠습니다.
죄를 묻지 않는 걸 다행으로 여겨야지 무슨 주식 얘기냐? 썩 꺼져라!

너무 심하시오! 이 돈은 내가 애초에 초상국에 투자한 것인데 몰수라니요?
흥!

난 관리고 넌 백성이다!

초상국은 짧은 전성기를 거쳐 정부와 상인 간의 갈등이 심화돼 점점 쇠퇴의 길을 걸었다.

중국을 근대화로 이끈 양무운동 下

1880년대에 이홍장은 석탄 운반을 위한 철도를 건설하려고 개평 탄광을 설립했다. 그러나 대다수 조정 대신은 이 새로운 사물에 반대했다.

개평 탄광
礦煤平開

탄광 책임자가 누구냐?

대인, 무슨 일이십니까?
너희들이 멋대로 철도를 놓아서 토지신을 침해했다는 고발이 들어와 특별히 조사를 나왔다!

이홍장 대인이 설립한 탄광을 꼭 조사해야 하겠습니까?
이 대인이라도 법령을 어겨서는 안 된다. 조정은 사설 철도를 금지하고 있다.
이리로 오시죠.
흠.

히히잉~

앗!
보십쇼. 기차를 말이 끄는데 설마 신령을 침해했을 리가요?

철도가 무슨 새로운 물건인 줄 알았는데 원래 마차의 일종이었구나.

그만 가자!
살펴 가십시오.

말이 기차를 끌었다고 하면 전 세계가 우릴 비웃게 되겠지?
허참!

이홍장, 철도가 조상의 풍수를 파괴한다는 여론이 높으니 그만 사업을 접으세요.

서태후
마마, 철도는 국가 진흥에 매우 중요한 사업입니다. 유명전의 설명을 들어 보십시오.
그럼 얘기 해 보시오.

현재 세계 각국에서 철도를 건설 중입니다.
러시아 철도는 유럽에서 흑룡강 까지 달리고, 일본 도 대규모로 철도 를 놓았습니다.
술술

외국의 침략에 대비하려면 철도 건설 에 매진해 위급할 때 즉 시 무기와 식량을 운반 해야 합니다.
음, 틀린 말은 하나도 없군요.

그럼 조정에서 반대자들과 변론 을 진행하도록 하시오.

마마, 철도를 건설하게 되면 서양 세력이 내부 깊숙이 침투해 들어와 나라가 더 위험해집니다!

유곤일, 가소롭기 짝이 없는 황당한 논리요! 철도를 건설하지 않는다고 서양 세력이 침투하지 않는답니까?

철도 운송은 수운 사업을 침범해 국가가 사들인 윤선이 쓸모없어져 돈을 낭비하는 꼴이오!

철도는 민간의 토지, 무덤, 가옥을 파괴해 백성의 분노를 부를 것이오!
갑론 을박
철도 건설에는 많은 노동자가 필요해 취업 기회를 높이니 백성들이 쌍수를 들고 환영할 거요!
나라가 발전하면 화물이 늘어나므로 철도와 윤선은 상호 보완이 되지 충돌을 일으키지 않소!

철도를 건설하려면 외국에서 자재를 들여와야 해 은의 유출로 심각한 무역적자가 일어납니다!
기차 운임이 너무 비싸 상인들이 운임을 물건 값에 반영하게 돼 물가가 폭등합니다!

양인의 방법으로 무모하게 청을 바꾸려는 이홍장이야말로 매국노입니다!
뭐……

그만하세요. 철도 건설을 추진한다고 매국노라고 말한 건 너무 심했소.

아무튼 반대 의견이 많으니 철도 건설 얘기는 다시 거론하지 마세요!
영명하십니다!
이……

양인들과 붙어 다니더니 맹목적으로 외국을 숭배하는 사람이 돼 버렸어.
외국의 것이 뭐가 좋은지 난 모르겠더구먼.
비아냥~

대인……
각국은 계속 변화 발전하는데 청만 문을 꽁꽁 걸어 잠그고 있구나!

태후마마는 그저 다수의 의견을 따른 걸로 보이고
철도 건설에 특별히 반대하지 않으니 좋은 기회가 있을 겁니다.

이홍장은 나라의 발전을 위해 거듭 서태후 설득 작업에 나섰다.

이 철도는 신이 드리는 마마의 생신 선물입니다.

철도가 그리 좋다고 말하니 한번 타 봅시다.
예, 마마. 어서 오르시지요.
삐익―

아이고!
덜컹
꽉 잡으세요!

기차가 시동을 걸 때는 약간 흔들리지만 운행할 때는 편히 가실 수 있습니다.
히히, 은근 재미있네.
저기 봐!
정말 예쁘다!

음……
기차라는 것이 편안하고 속도도 빠르구나!

우-우
꽉 잡으세요. 기차가 멈춥니다!

멈췄습니다.
와, 금세 정원을 반 바퀴나 구경했어요!

마마가 기차를 싫어하지 않아 철도 건설에 흔쾌히 동의 하시겠지?
희망
기대

마차보다 안정감 있고, 사람들 말처럼 무섭지도 않구려.
예, 마마!

도착 했습니다. 내리십시오!
헌데 저 사람은 누구요?

운전수입니다. 기차 맨 앞 칸에 타서 기차를 운전합니다.
음……

태후마마가 다시는 기차를 타시지 않겠답니다.
뭐?

이유가 뭐냐?
그건 저도 잘……
아리송~

그대가 선물한 기차가 그럭저럭 재미있었지만 예절이라곤 찾아보기 어려웠소.
예절이요?

운전수가 나와 동등한 자리에 있고, 또 나보다 앞에 자리한 건 격식에 한참 벗어나는 일이오.
끙……

그럼 철도는 어쩌실 건지?
나는 철도가 싫소.

하지만 그대가 원한다면 추진해 보시오.
감사합니다!

마마가 눈감아 준다면 이 일은 성공할 수 있어!

우여곡절 끝에 이홍장은 마침내 철도 건설 권한을 얻어냈다. 하지만 중국이 현대화로 나아가는 과정은 여전히 멀기만 했다.

좌종당이 신강을 수복하다

그럼 당연히 신강을 먼저 수복해야 합니다. 신강은 땅이 넓고 물자가 풍부하며 청 영토의 6분의 1일이나 차지하고 있습니다.

그곳은 사막에 불과해 인구가 적고 조정 지출이 헛되이 들어가, 버려도 무방하오.
헛소리 마시오! 신강은 과일이 풍성하고 가축이 많으며 지하자원이 풍부한 보고란 말이오!

일본은 대만에서 뜻을 이루기 어렵지만 제정 러시아는 큰 우환거리라 멋대로 날뛰게 놔두어선 안 됩니다.
음…

광활한 신강을 버리면 우리는 국가와 민족의 죄인이 됩니다!
……

그럼 좌 대인에게 신강 수복 임무를 맡기겠소!
신이 반드시 사명을 완수하겠습니다!

다다
초

대군이 출정 하면서 앞에 관을 메고 가는 건 좀 불길합니다.

신강을 수복하지 못하면 절대 군대를 돌리지 않을 것이네.
관을 메고 가는 건 필사의 의지를 보여 사병을 격려하기 위함일세.
결의
단호

유금당, 증국번이 죽은 뒤로 우리 상군은 줄곧 회군에게 밀렸네. 이번 전쟁으로 호남 자제의 체면을 세워야지!

염려 마십시오. 절대 상군의 체면에 먹칠하지 않겠습니다!

앞의 옥문관을 지나면 아고백이 통치하는 땅입니다.

당의 시인 왕지환은 "오랑캐의 피리는 왜 이별을 원망하는 노래만 부르는가, 봄바람은 옥문관을 넘지 못했는데"라고 읊었네.

하지만 청의 봄바람은 반드시 옥문관 밖의 드넓은 사막까지 울릴 걸세!

하하하

하하

우루무치

성 안에 수비군이 5천 명 정도 있습니다.

쌍방의 군사 수는 비슷하지만 우리에겐 신식 무기가 있습니다.
적의 주력부대가 밀집한 남강을 피해 북강을 기습하라고 한 좌 장군의 계책은 정말 훌륭했어!

대포 발사!

펑!
펑!
펑!

쾅-
쾅-

돌격 하라!

유금당 장군이 우루무치를 수복하고 적군 5천 명을 죽였다는 승전보를 보내왔습니다.

오, 훌륭하다!

부근의 잔적을 숙청하고 금년은 우루무치에서 겨울을 보낸 후 내년 봄에 남강을 치자고 전해라!
예, 장군!

봄이 왔다. 눈과 얼음이 녹아 물이 풍부하니 일거에 아고백을 멸해 버리자!

유금당, 김순,
장요에게 투루판
으로 진격하라고
전하라!
예!

다
다
다

쾅
쾅
쾅
펑!

돌격!
가자!

항복!
항복!

아고백이 갑자기 병사해 신강을 수월하게 수복할 수 있었다!

제정 러시아가 군대를 지원할 틈도 없이 속전속결로 신강을 완전히 평정했습니다!
하하하

이번 신강 수복은 좌 장군의 공이 가장 큽니다. 제가 한 잔 올리겠습니다!
한 잔 올립니다!

그대들도 똑같이 공을 세웠다. 다들 쭉 한 잔씩 들게나!

이건…?

조정에서 숭후를 보내 제정 러시아와 화친을 맺은 문건입니다.

분명히 전투에서 이겼는데 왜 이런 굴욕적인 협약을 맺었단 말인가!
탁!

이 협약을 무효화하고 숭후를 엄벌에 처하라는 상소를 올려야겠다!

장군의 상소가 받아 들여졌습니다. 조정에서는 증국번의 아들 증계택을 제정 러시아로 보내 재협상에 들어갔습니다.
당연한 일 이다.

약소국에게는 외교도 없다. 우리는 군사 훈련을 더욱 강화해 증계택의 외교 활동에 힘을 보태야 한다!
아자 아자!

좌종당과 증계택의 노력으로 양국 간에 이리조약을 체결해 숭후가 빚었던 손해를 일부 만회했다.
신강이 가문 건 자연 조건 때문이지만 인재도 큰 부분을 차지한다.
좌종당은 출병과 동시에 생산도 매우 중시하여 신강 개발에 지대한 공을 세웠다.

나무를 많이 심으면 신강은 앞으로 점점 좋은 땅으로 변할 것이다.
과연!
역시 장군은 안목이 뛰어나십니다!
아군의 둔전도 원활히 운용돼 스스로 군량을 해결할 수 있어 조정에 손을 벌릴 필요가 없어졌습니다.
그것 참 잘됐구나!
하하

한번 둘러 보자꾸나.
예!

안녕하세요!
오, 그래. 수고가 많다.

호남에서 온 서생이 뵙기를 청합니다.
그래?

그를 데려 와라.
예!

대인이 신강을 수복하여 호남을 빛냈으니 제가 시 한 수를 바치겠습니다.
들어 보고 싶구나.

서쪽으로 정벌 나간 대장이 아직 돌아오지 않아 호남의 자제들이 천산天山에 가득하네.
새로 심은 버드나무 끝이 안 보여 봄바람이 옥문관을 넘어 부는구나.
훌륭한 시로다. 오늘 이후로 정말 봄바람이 불어 오겠구나!
하하하
뿌듯

청 下

相
下
清

자희태후 慈禧太后

서태후西太后로 널리 알려져
있다. 함풍제의 비이자 동치제의
생모, 광서제의 양어머니다.
동치와 광서 양대에 걸쳐
권력을 휘두르며 중국을
47년간 통치했다.

광서제 光緒帝

이름은 애신각라 재첨載湉.
강유위, 양계초 등을 중용해
변법자강 개혁을 단행했다.
그러나 변법이 실패로 끝나
면서 궁중에 연금되었다.

이홍장 李鴻章

청 말기의 정치가.
자신이 조직한 회군淮軍을
이끌고 태평천국을 진압했다.
양무운동을 적극적으로 추진
했고, 열강들을 서로 견제
시키며 타협 정책을 취했다.

강유위 康有爲

청 말기의 정치가로
변법자강 개혁을
주도했다. 변법이 실패
하자 해외로 망명했다.

양계초 梁啓超

청 말기의 계몽 사상가이자
문학가. 변법 주도자 중
한 사람으로 계몽적인 잡지를
발간해 신사상을 소개하고
애국주의를 고취해
중국 개화에 공헌했다.

등세창鄧世昌

청 말기 위해의 해군
영웅. 청일전쟁 당시
해전에서 전사했다.

원세개袁世凱

중국의 군인, 정치가로
서양식 군대를 훈련시켜
북양군벌北洋軍閥의 기초를
마련했다. 담사동 등 개혁파를
배반하고 변법운동을 좌절
시켰다. 신해혁명辛亥革命 후
중화민국 초대 대총통에
취임했다.

강의剛毅

만주족 타탑랍씨他塔拉氏로
청 말기의 대신이다.
의화단義和團을 이끌고 8국
연합군과 전쟁을 벌였다.

담사동譚嗣同

청의 정치가이자 사상가.
청일전쟁 패배 이후
변법자강 개혁을 전개했다.
변법 실패 후 겨우 33세
나이에 처형되었다.

손문孫文

호는 중산中山으로
중국 근대 민주주의
혁명의 선구자이다.
중화민국中華民國을 건국
하고 삼민주의三民主義를
제창했다.

청일전쟁이 발발하다 上

* 명치유신(明治維新, 메이지유신)
메이지 정부가 막부 정권을 무너뜨리고 왕정복고를 이룩한 일본의 근대화 및 중앙집권화 변혁과정.

당신이 수송하는 청나라 병사는 조선, 일본과 전쟁 중이라 이미 교전 행위에 해당하오!
우리가 출발 할 때 청일 간에 전쟁이 벌어지지 않았고, 일본에서 보낸 선전포고서도 받지 못했소!

그럼 외국 선원들을 데리고 떠나시오. 이번 전쟁은 당신들과 무관하니 안전을 책임지겠소!
그럼……

좋소. 일본과 청 사이의 일에 우리가 끼어들 필요는 없지.

절대 못 갑니다!
뭐하는 짓이냐?
청의 돈을 받으면서 어떻게 우리를 버릴 수 있단 말이오?
일본 군함을 발견했을 때 우리가 빨리 달아나자고 하니까 일본은 감히 영국 배를 건드리지 못한다고 하더니
정작 문제가 생기니까 꽁무니를 빼려고?
나도 어쩔 수 없소. 고승호는 수송선이라 일본에 이길 수 없소.

당신들이 여기서 희생되면 당신네 여왕이 일본에 복수해 줄 것 아니오!
옳소! 양인을 총알받이로 삼자!
Oh, no!

쾅!
쾅!
일본군이 대포를 쏩니다!
반격해라!

배에 대포가 없는데요!

대포가 없으면 총을 쏴라!
이가 없으면 잇몸!

왜놈들을
죽여라!
탕
탕

쾅!
으악!

감히 일본이
선전 포고도
없이 공격을
해?!
광서제
이홍장, 짐이
일본과의 개전에
대해 물으면 항상
핑계를 대고 발뺌하
더니 지금은
어쩔 거요?
발뺌이
아니라 이번
전쟁은 치를 수
없습니다.
말해
보시오!

태후마마가 해군 경비를 이화원 수축에 다 써 버려 북양 수사는 근 10년간 새로운 전함을 사들이지 못했습니다.
북양 수사의 실력은 세계 6위인데 어째서 쓸 만한 군함이 8척 뿐이오?
혹시 북양 수사를 개인 무장 집단으로 여기는 것 아니오?
찌릿~
현재 전쟁이 가능한 군함은 8척뿐입니다.

폐하께서 싸우신다고 하면 신은 명에 따라……
이제야 말이 통하는구려.

짐은 일본에 청의 무서움을 보여줄 것이오!

젊은 폐하라 현실은 외면한 채 의욕만 앞서는군.
으흠…

1894년, 청일전쟁이 발발하자 정여창은 정원호 등 군함 12척을 거느리고 황해(서해)로 진격했다.

멀리 일본 군함이 보입니다!

號遠定

나 정여창이 싸움을 두려워한다고들 하는데 오늘 반드시 오명을 씻겠다!

응전 준비하라!

예, 제독!

두

둥―

펑!
펑!
펑!
定遠號

쾅ー
윽!
부상이 심합니다. 빨리 갑판 아래로 피하십시오!
나는 절대 물러서지 않겠다!

내가 안 보이면 장병들의 사기에 영향을 준다.
치원호가 대열에서 이탈해 일본 군함 쪽으로 돌진합니다!
뭐?
저기

등세창이 죽음을 각오 했구나!
등 제독!
號遠致
쾅!
쾅!

등 제독, 기함 정원호가 포격을 받아 정 제독이 부상을 입었습니다!

군대에 지휘관이 없어서는 안 된다. 정원호가 지휘 능력을 잃었다면 우리 치원호에 장군 깃발을 올려라!
예!

펑―

일본 군함들이 우리를 향해 대포를 발사합니다!

두려워 말고 응전 준비하라!

쾅!
으악!

즉시 반격하라!
펑─
쾅!
쾅!

비록 죽더라도 왜놈들에게 우리 청 해군의 위용을 알리자!
명령만 내려 주십시오!

일본 군함 중 길야호가 가장 활약이 크다. 길야호만 침몰시키면 일본군의 사기가 크게 떨어질 것이다!
길야호를 침몰시키자!

전속력으로 전진하라!
멈추지 마라!

슈웅—

제독, 길야호가 도망갑니다!
빨리 쫓아라!

콰앙!
致遠號

어뢰를 맞아 배가 침몰합니다!
젠장!

이 황해 대전에서 북양 수사는 군함 다섯 척이 침몰됐다. 이후로 북양 수사가 산동 위해의 군항에 숨으면서 황해는 일본 통제 하에 들어갔다.

청일전쟁이 발발하다 下

황해 해전과 동시에 일본군은 육상으로도 공격을 감행해 조선에서 요동까지 곧장 쳐들어갔다. 그런데 실력 차가 상당한 데다 사령관 섭지초가 겁이 많고 무능해 청군은 연전연패를 당했다.

* 양동작전陽動作戰
적으로 하여금 아군의 의도를 숨기기 위해 의도되지 않은 작전을 실시해 적을 기만하는 작전.

그렇다고 앉아서 나라가 망하는 걸 구경하고 있을 순 없다!
애국
충정

일본의 다음 목표는 위해가 될 것이라고 쓸데없는 일에 참견하지 말고 배나 잘 지키라는 답변이 왔다.
제독, 일본군이 지금 용수만에 상륙했습니다!
뭣이라?

일본군이 이미 바다를 통제한 상황에서 육지까지 올라왔다면 우리는 앞뒤로 공격을 받게 된다.
앞
뒤!

펑!
펑!
펑!
대일본
제국을 위해
돌격하라!

앞으로!

빨리
달아나자!
윽!

남북 양쪽
포대가 모두
일본군에게
점령됐습니다!

군함이 아직 남았으니 전원 탑승하고 적에 맞서 싸워라!
예, 제독!

펑!
펑!
펑!

펑!
펑!
펑!
콰앙—
콰앙—

아무래도 위해를 지키기 어렵겠구나. 군함을 모두 침몰시켜라. 일본군에 빼앗겨서는 안 된다!

처음에 제가 정원호 관대*가 됐을 때 정원호와 생사를 같이하기로 맹세했습니다.
정원호와 함께 가리라.

작별 인사 올립니다, 정 제독!

먼저 가라. 내 곧 뒤를 따라가겠다!
예, 제독!

쾅!
定遠號

이 대인이 보낸 전보 입니다!

원군이 기약이 없다고?
이럴 수가!

대세가 기울었으니 헛되이 목숨을 잃지 말고 투항하시죠.
……
신은 다 어디로 갔단 말인가!

우창병, 군함과 생사를 함께하는 것이 내 임무다. 나머지는 네가 알아서 해라.

저는 투항하러 가겠습니다.

나 정여창은
죽을지언정
항복하지
않겠다.
벌컥-

콰당!

정 제독과 유보섬
이 모두 순국했다.
양용림, 이제 우리가
상관인데 같이
투항하자!
투항?!

나는 차라리
죽음으로 후세에
이름을 알리
겠소!

탕!

장문선,
네가 양용림을
대신해라!

자네들도
참……
흑

익!

1895년 2월, 청일전쟁이 일본의 완승으로 끝나면서 청 조정은 막다른 길로 내몰렸다.
일본이 신에게 평화조약에 서명하라고 요구합니다. 우리가 전쟁에서 져 따를 수밖에 없습니다.

우리 수군이 전멸하고 육군은 참패했는데 흥정할 여지가 있겠습니까?

일본의 배상과 영토 할양 요구는 너무 지나치오!

배상은 해도 영토 할양은 절대 안 됩니다!

영토 할양권을 주시지 않으면 일본에 갈 수 없습니다!

이홍장, 지금 폐하를 협박하는 거요?
옹동화, 그대는 호부상서면서 왜 해군에 경비를 지원해 주지 않았소?

그만하시오. 지금 서로에게 책임을 묻는 건 아무 도움도 안 되니
눈앞의 일을 어찌 처리할지 고민해 봅시다.

요동과 산동이 일본 손에 들어갔는데 일본에 땅을 할양하지 않을 자신이 있으면 내가 자리를 내놓겠소!
……
누군 주고 싶어 주자고 하는 줄 아시오?

그대가 일본에 다녀오시오. 협상권은 그대에게 일임하겠소.
예, 폐하!

1895년 4월, 미국의 중재로 이 홍장은 협상에 나서기 위해 일본 마관馬關으로 갔다.

이 대인, 오랜만이오!

이등 수상, 지난 10년간 세상이 많이 변했습니다.
이렇게 만나다니…

10년 전에 중국은 대국이어서 이 대인이 나 이등박문을 꾸짖었는데, 지금은 도리어 일본이 전승국이 되었구려!
……
허허

정벅
저벅

윽!
탕!

자객이다!

범인을 체포해라!
이 대인을 빨리 병원으로 호송해라!

이미 범인을 잡아서 심문 중이오.

양국 간의 평화가 중요하니 대신 제 아들과 협상을 진행하십시오.

1895년 4월, 청은 일본과 마관조약을 맺어 대만과 요동을 일본에 할양하고 (요동반도는 열강의 간섭으로 할양하지 않았다) 은 2억 냥을 배상했다.

강유위의 변법자강 개혁 上

청 정부가 일본과 마관조약을 맺은 후 당시 북경에 회시會試를 보러 온 천여 명의 거인擧人들은 이 소식을 들었다. 강유위를 필두로 한 이들은 광서제에게 연명으로 상소를 올려 주권을 잃고 치욕적인 이 조약을 거부하라고 요구했다.

짐이 누구를 만나든 그대가 왜 참견이오?

하지만 태후마마가 ……
아!

태후가 대권을 장악해 난 그저 이름뿐인 통치자에 불과하구나. 이런 원통한 황제가 또 있을까!

궁하면 통한다고 했습니다. 조금 참으셨다가 서서히 발전을 도모하면 반드시 중흥의 기회가 찾아옵니다.
맞는 말이오. 짐이 너무 서둘렀소.

강유위는 동료들과 함께 청일전쟁 패배를 계기로 나라를 구할 방안에 몰두했다.
여러분, 우린 말단 관직이라도 얻으려 회시에 참가했다가 청일전쟁에서 패했다는 소식을 들었소. 해서 이 치욕을 두고만 봐서는 안 된단 말이오!

우리도 일본처럼 헌법을 제정하고 국회를 세워야만 나라가 강대해질 수 있소!
열변~

우리가 올린 상소를 폐하께서 보시고 아주 기뻐하며 변법을 지지한단 얘길 들었소.
하지만 수구파守舊派에 가로막혀 변법은 당장 시행되기 어렵소.
경청

강학회를 조직하고 변법을 널리 알려 백성들이 공통된 인식을 갖게 된다면 수구파들도 막을 수 없을 것이오!

나라의 흥망성쇠는 필부匹夫에게도 책임이 있소!

나라의 흥망성쇠는
필부에게도 책임이 있다!

강유위는 강학회를 조직하고 백성들을 계몽하는 데 노력을 기울였다.

선생님!

양계초, 무슨 일인데 호들갑인가?

직례안찰사 원세개가 학회 기부금을 보냈어요!
누구?

직례안찰사가 뭐 그리 대단하다고?
직례총독 왕문소, 호광총독 장지동도 기부했는데.
원세개가 천진에서 육군을 훈련하고 있어서 중요할 때 써먹을 수 있다고요!
중요한 때라?
맞아. 실권자인 태후가 변법을 저지하면 무력이 필요할지도 몰라.
계초, 자네가 원세개를 잘 구슬려 보게.
알겠습니다!

현재 동서양 열강들은 민주공화제나 입헌군주제를 채택하고 있지.
우리도 바꿔야…
시간이 없어.

중국의 현 상황으로 본다면 폐하가 변법을 추진해 입헌군주제로 가는 게 옳다.
입헌군주제는 영국식과 독일, 일본식이 있는데……
다다다

선생님……

무슨 일이냐?
이홍장이 회비 2천 냥을 보내왔는데 받아야 할지 잘 몰라서요.

이홍장은 일본과 마관조약을 체결한 장본인이다. 그런 자의 돈은 받을 수 없다!
절대
사절
알겠습니다!

강유위가 대인의 기부금을 거절했습니다.
뭐라고?

강유위란 놈이 내 성의를 거절하다니. 따끔하게 한번 혼내줘야겠다!
어사를 직접 찾아가 강유위를 탄핵하시면 ……

아……
왜 한숨을 쉬십니까? 치기 어린 강유위가 두려우십니까?

변법은 국가에 좋은 일이다. 다만 강유위가 속이 좁아서 큰일을 이루지 못할까 걱정이구나.
근심—

＊일신우일신日新又日新
　날이 갈수록 새롭게 발전함.

상앙?

동중서
아냐?

다 틀렸습니다. 바로 공자입니다!

공자?

공자가 변통 사상을 얘기하긴 했지만 옛 예제를 크게 중시한 그를 변법가라고 말하는 건 과장 아닌가?

공자=변법가?

공자가 '요순우탕 문무주공'을 언급한 건 옛것을 빌려 제도를 개혁하려 한 명백한 증거입니다.

공자는 제도를 고치고 싶었지만 수구파의 반대가 걱정돼 요순을 끌어와 스스로를 변호한 것이죠.

공자 같은 성인도 변법에 찬성했으니 청도 변법을 해야 합니다!

……

대인!
어? 무슨 일이냐?
쿵 쿵 쿵

소근 소근

쑥덕 쑥덕
……

대체 무슨 일입니까?

일이 있어서 먼저 가 보겠네.

무슨 일인
지는 말씀해
주셔야죠!

어사 양숭이가 태
후 앞에서 강학회를
탄핵해 엄벌이 떨어
질지도 모르니 몸
조심하게!
허걱

쿠
궁!

우린 변법으
로 나라를 구할 마
음뿐이었는데 돌아
온 건 강제 폐쇄
로구나.

예로부터 변법 개혁은 한 번도 쉬웠던 적이 없었다. 다들 낙심하지 마라.

가증스런 보수파들과 끝까지 싸워 꼭 승리를 쟁취하자!
맞는 말씀입니다!

전국을 돌며 변법을 선전하고 백성을 각성시키자!
일단 변법이 대세가 되면 보수파도 역사의 조류를 거스를 수 없을 겁니다!

계초, 상해는 중국 최대의 상업 도시니 자네가 그곳을 맡아 주게!
스승님의 기대를 저버리지 않겠습니다!

강유위의 변법자강 개혁 中

폐하께서 강유위를 직접 만나시면 태후가 언짢아 할 테니
저희 몇몇 군기 대신이 그를 만나 폐하의 말씀을 전하겠습니다.
옹동화

좋소. 이 일은 그대에게 맡기겠소.

강유위, 자네가 항상 변법을 강조하지만 조종의 법은 바꿀 수 없네.
조종의 법은 조종의 영토를 다스리기 위함입니다.
지금 조종의 영토가 유린당하고 있는데 조종의 법만 지키면 무슨 소용입니까?

* **팔고문/八股文**
여덟 개의 짝으로 이루어진 한시 문체. 중국 명나라 초기에서 청나라 말기에 이르기까지 과거의 답안을 기술하는 데에 썼다.

옹동화는 강유위의 주장에 깊은 감명을 받아 즉각 광서제에게 그를 추천했다.

신식 학교에서는 서양어, 물리, 화학 등을 가르쳐야 합니다.

강유위의 변법이 매우 훌륭하니 그를 중용하십시오.
내 그럴 줄 알았소.

하지만 태후가 권한을 주지 않으면 변법은 시작도 못 해볼 텐데.
난관
태후와 더 많이 소통하여 지지를 얻어 내야지 반항 심리를 가지면 안 됩니다.
일리 있는 말이 구려.

신문을 보고 계시군요.

경친왕, 여기 양계초가 쓴 「변법통의」가 정말 명문입니다!

정말 변법을 하시려고요? 변법은 매우 위험합니다.
위험?

산동은 이미 독일 땅이고, 양광은 프랑스, 복건은 일본이 점령했소.
나라가 망하는 것보다 더 위험한 게 뭐요?

그건……
태후가 권한을 주지 않으면 차라리 퇴위하여 망국의 군주는 되지 말아야지!

폐하, 그런 말씀은 폐하의 안위를 위협합니다.

감히 날 협박해? 나도 일찌감치 그를 황제로 생각하지 않았다고!

폐하가 혈기왕성해 말에 실수가 있었으니 너무 마음에 두지 마십시오.

변법 시행이야 가능한데 문제는 황상이 날 찾아오지 않았다는 거요.

해서 순수한 의도보다는 권력을 노린 수작일지도 모른다는 것이지.
아닙니다. 폐하는 항상 마마를 존경하고 있습니다. 다만 변법으로 나라를 구하려는 것뿐이죠.

폐하를 대신해 감사드립니다!
한번 맡겨 보시오. 얼마나 잘하는지 두고 보리다.

태후께서 폐하의 변법 시행을 허락하셨습니다.

우와, 정말 감사하오!
어렵게 얻은 기회이니 꼭 성공하십시오!
앗싸!

이에 1898년 6월, 광서제는 권력을 위임받아 개혁에 돌입했다.

어서들 보시오.
폐하가 「정국시조」를 반포하고 정식으로 변법을 시작했소!

마침내 변법이 시행됐구나!
난 새로 개설된 경사 대학당에 등록할 거야. 케케묵은 사서 오경을 읽는 것은 이제 전망이 없다고!

변법이다!
변법이 시행됐다!
마침내 변법이 시행됐구나!

태후마마를 뵙습니다!

매일 변법을 노래 불렀으니 잘해 보도록 하시오.
최선을 다하겠습니다.

이건 강유위가 올린 상소인데 「일본변정고」, 「러시아 피터 변정고」는 청이 참고할 가치가 있습니다.

러시아와 일본 모두 변법을 통해 강국으로 도약했습니다.
음…

또 하나 「폴란드 멸망기」는 유럽 강국 폴란드가 변법을 경시했다가 열강에게 땅을 뺏긴 얘기입니다.

청은 러시아와 일본을 배워야 폴란드처럼 되지 않습니다!
……

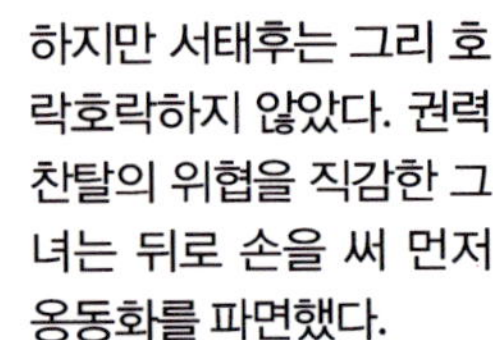

하지만 서태후는 그리 호락호락하지 않았다. 권력 찬탈의 위협을 직감한 그녀는 뒤로 손을 써 먼저 옹동화를 파면했다.

옹동화가 상소를 올리고 이미 낙향했습니다.
태후가 변법을 지지한다면서 왜 짐의 오른팔인 옹동화를 파면한 거요?

이건 권력 투쟁입니다. 정신을 바짝 차리지 않으시면……
잘 하실 수 있겠지?

옹동화가 없는데 변법을 어찌 이어간단 말이오?
하란 거야?
말란 거야?

태후가 변법을 허락했으니 강유위를 부를 명분이 생겼습니다.
맞다. 짐이 강유위를 불러야겠소!

저벅
저벅

강유위!
영록 대인!
또 만났군. 요즘 아주 잘나가 던데. 사람들도 재능 이 아주 뛰어나다고 칭찬하고.
나도 변법이 필요하다는 건 알지 만 수백 년간 축적된 법이 바꾼다고 바 뀔 수 있을까?
빈정 작렬

몇몇 일이품 대인 들만 죽어 주면 가능합니다.
흥!

폐하를 뵈러 가야 해서 이만 실례하겠 습니다.
뭐? 일이품 대인이 죽으면?!
Bye~

강유위의 변법자강 개혁 下

그들에게 혁신을 바라는 건 우물에서 숭늉 찾는 격입니다.
짐도 새로운 인재를 뽑고 싶지만 저항이 만만치 않소.

저항이요? 폐하의 말씀은……
선생! 짐도 힘드오.

신이 보기에 의회 개설 같은 문제는 천천히 진행해도 됩니다.

구 관료를 파면할 수 없다면 신인을 기용해서 점차 이들로 대체하십시오.
잘 알겠소. 그리하리다.

요즘 강유위와 만나 무슨 얘기를 나누시오?

변법의 구체적인 업무를 논의했습니다.

서생이 나라를 망치는 법이니 강유위를 온전히 믿지 마세요!
명심하겠습니다!

요즘 이 어미가 빗발치는 고발장을 막고 있습니다. 변법이 성공하지 못하면 지원은 꿈도 꾸지 마세요!
실망시켜 드리지 않겠나이다!
애고―

* 책론策論
  대책對策과 의론議論을 말하는데 특히 과거시험에서 경의經義나 정사政事와 관련하여 묻는 책문策問에 답하는 것을 대책이라 하고, 이것을 논의하는 것을 의론이라 함.
** 동생童生
  명청 대에 수재 시험에 낙방한 사람을 일컫던 말.

部 禮

폐하가 짧은 시간에 이렇게 많은 변법 칙령을 내려서 참 난감하게 됐소.

안 하자니 항명이요, 하자니 손을 대기가 어려우니……

회탑포 대인, 왜 내가 폐하께 올린 상소를 압수했습니까?
왕조?

폐하와 태후께 외국 시찰을 권하다니. 말도 안 되는 얘기를 가지고 왜 예부를 귀찮게 하느냐?

폐하께서 언로를 열었는데 대인이 내 상소를 압수할 권리가 있소?
하찮은 주사 주제에 감히 상서에게 대드는 것이냐!

폐하께 당신을 고발 하겠소!
당장 꺼져라!

회탑포, 감히 어명을 어기고 수하의 상소를 압수하다니!
신 죽을죄를 지었습니다.

예부의 두 상서와 네 시랑을 모두 파면한다!

왕조는 충심이 강하니 3등급 승진 시킨다!
성은이 망극하옵 니다.
폐하, 용서해 주십시오.

서태후의 심복이었던 회탑포는 관직에서 쫓겨나자 자신의 패거리를 이끌고 태후를 찾아가 광서제를 성토했다.

저희는 아무 잘못도 없이 폐하에게 파직되었습니다!

매일 사람들이 날 찾아오게 만들고, 황상이 갈수록 날 실망시키는구나!

폐하가 변법당을 총애해 태후께서 나서시지 않으면 나라가 혼란에 빠집니다.

폐하가 방금 담사동, 양예, 양심수, 임욱을 군기장경에 임명했습니다.
뭐라고?

이는 군기대신의 권력을 빼앗아 조정에서 태후마마를 배제하려는 음모입니다.
……

이제부터 내 동의 없이 황상 마음대로 관료를 임면하지 못하도록 하겠다!

조금만 기다리면 그대들의 직위를 회복시켜 주겠다.
그럼 저희는 어떡합니까?

서태후와 수구파가 위기감을 느끼고 반격을 가하자 광서제는 불안에 휩싸였다.

태후가 가장 중요한 인사권을 회수하여 짐은 이제 아무 권력도 없구려.

담사동, 이제 어쩌면 좋소?
음……

태감의 정보에 따르면 태후가 폐하를 폐한다고 합니다.
뭐?
소문을 너무 믿지 마십시오. 여러 해 친정을 하셨는데 폐위가 말처럼 쉽겠습니까?

계속 변법을 추진해 나라가 강대해지면 아무 말도 나오지 않을 것입니다.
맞소. 변법을 계속 논의합시다.

서양 열강은 재정 예산 제도를 채택해 수입에 맞춰 지출을 하고 있습니다.
수입에 맞춰 지출을?

중국은 대대로 세금을 먼저 걷고 지출을 해 갑작스런 지출을 만나면 종종 임시 징세를……

됐소. 오늘은 그럴 기분이 아니오. 짐이 이 용좌에 얼마나 더 앉아 있을지도 모르는데!

새로 설립된 육군 지휘사 원세개가 전부터 강학회에 가입해 우리의 뜻에 동참하고 있습니다.
호오~

원세개를 끌어들이면 만일의 사태에 대비할 수 있습니다.
귀가 솔깃하는 정보구려.

경친왕, 대체 뭐하는 거요?

이들은 통정사, 광록시, 홍려시, 태상시, 대리시의 관료입니다.
모두 폐하에게 파면돼 억울함을 호소하러 왔습니다.

신은 본래 변법을 지지했지만 폐하가 국정은 돌보지 않고 맹목적으로 서양 것만 따라 나라가 곧 망할 것 같습니다.

태후께서 임서에 나서 폐단을 바로잡으십시오!
영록……

1898년에 시행된 이 변법은 겨우 백 일 만에 강력한 저항에 부딪혔다. 조정은 황제당과 태후당 두 파로 나뉘어 격렬한 투쟁이 전개되었다.

무술정변으로 변법이 실패하다

변법 시행이 갖가지 갈등을 일으키면서 서태후는 황제를 폐하고 친정에 나설 준비를 하고, 광서제는 권력을 지키기 위해 분주하게 움직였다.

흥, 외국인이 뒤를 봐주면 내가 못 건드릴 줄 아나 보지?

더 위험한 것은 폐하가 세 번이나 원세개를 불러 관직을 시랑까지 높여준 사실입니다.

원세개의 육군은 천진에 주둔하고 있는데 폐하가 대체 무슨 속셈인지 모르겠습니다.
……

원세개는 믿을 만 하오?
신과 의형제인데 사람이 똑똑하고 절대 줄을 잘못 설 사람이 아닙니다.
하지만 지금이야 누구도 믿지 못하죠.

황제가 마지막 발악 중이니 빨리 우리가 군대를 통제해야 하오!
걱정 마십시오!

태후의 세력이 압박해 들어오자 광서제는 위협을 느끼고 강유위 등에게 도움을 청했다.
태후와 영록이 이미 행동에 들어가 폐하께서 내게 밀지를 건네 사태를 해결할 방법을 강구하라고 하셨소.
허걱~

양예, 폐하의 상황은 어떠한가?
주위에 믿을 사람이 아무도 없어 속수무책이십니다.

군대는 영록이 장악했는데 우리 서생 몇 명이 어떻게 폐하를 구한단 말이냐?

탁!

변법이 아니면 중국을 구할 수 없고, 폐하가 없으면 변법을 시행할 수 없소.
나 담사동이 목숨을 바쳐서라도 폐하를 꼭 구하겠소!

다들 미국, 영국, 일본 대사관에 가 폐하를 지지해 달라고 권해 주시오!
좋소. 그렇게 합시다!

나는 원세개를 찾아가 군대를 불러 오리다!

원세개 군영

원 시랑, 폐하는 어떤 분 이라고 생각 하시오?

당연히 성군이지요!

태후와 영록이 며칠 후 천진 열병식에서 폐하를 폐위한단 얘길 들었습니까?
그런 말이 있긴 한데……

이건 그대에게 영록을 죽이라는 폐하의 밀지요.
음……

만약 폐하를 구하지 않을 거면 태후에게 날 고발하시오.
내 머리를 자르면 부귀영화를 누릴 것이오.

이 원세개를 어떻게 보는 것이오?
폐하가 큰 은혜를 베풀어 주셨으니 죽음으로 보답하리다!
옳지!

원 시랑은 진정한 의사요!
오~

영록이 만만한 상대가 아닌데 대비책은 있소?
영록을 죽이는 것쯤이야 개를 잡는 것처럼 쉽지요.

그럼 난 먼저 가 보리다. 민간의 호걸과 협객을 모아 때가 되면 원 시랑과 함께 싸우겠소!
알겠소.

이 밀지는 아무래도 위조된 것 같아. 폐하가 영록을 죽이라는 격한 말을 할 리 없는데……

설사 진짜라고 해도 태후의 실력이 더 강한 상황에서 폐하를 도우면 죽음을 자초하는 꼴이란 말이지.
갈팡 / 질팡

지금 줄을 잘못 서면 끝장이야!

원세개는 고민 끝에 생각을 바꿔 영록을 찾아갔다.

원세개, 드디어 왔구나.

형님, 동생도 믿지 못하십니까?
흥, 무슨 정보를 가져왔는지 먼저 말해라.

담사동이 날 찾아와
천진 열병식 때 형님을
죽이고 태후를 납치해
황제의 정권 탈환을
도우라 했소이다.
고분고분

흥, 그런
잔꾀로 내 눈을
속이겠다고?
어쨌든 네가
내 믿음을 저버리
지 않았구나.

무슨 일이
든 맡겨만 주
십시오.
됐다. 너는 가만히
앉아서 내가 역적 놈
들을 어떻게 처리
하는지 구경이
나 해라.
헤헤

한편 광서제는 황궁에서 안
절부절못하고 있었는데…

도움을
청하라고 보낸
양예는 왜 아직
소식이 없지?
이리
저리

태후마마 납시오!
이런!
태후마마를 뵙습니다!
네놈이 감히 반역 모의를 꾸몄단 말이냐!

내가 아니었으면 지금의 네가 있었겠느냐?
노발
대발
아, 일이 틀어졌구나!

척
척
척
청

황태후의 수렴청정으로 변법 역적을 제외하고 대사면령을 내린다!

* 권토중래捲土重來
　땅을 말아 일으킬 것 같은 기세로 다시 온다는 뜻으로, 한 번 실패하였으나 힘을 회복하여 다시 쳐들어옴을 이르는 말.

198

행동하지 않는 자는 미래를 도모할 수 없고, 죽음을 두려워하는 자는 군주의 은혜에 보답할 수 없도다.
이제 자네와 강 선생만 믿네. 난 여기 남아서 폐하를 위해 목숨을 바치겠네!

담 선생, 배가 곧 출발하니 일본으로 가시죠. 그곳에도 변법을 지지하는 의사들이 많습니다.

각국의 변법은 피를 흘린 희생으로 이뤄졌소.
청은 아직 변법을 위해 희생한 사람이 없으니 나 담사동이 시작하리다!

담사동이 나온다. 빨리 체포하라!

서둘지 마라. 도망칠 거면 나오지도 않았다.
느긋

1898년 9월, 담사동 · 양예 · 유광제 · 임욱 · 양심수 · 강광인은 시장 앞에서 처형되었다. 후세인들은 이들을 '무술 6군자'라 불렀다. 이로써 변법자강 개혁은 완전히 실패로 돌아갔다.

외세 배척 운동, 의화단 사건

1900년, 산동과 직례 일대에서 '부청멸양扶淸滅洋'의 구호를 외치며 맹목적으로 외세를 배척한 의화단이 대량으로 북경에 유입되면서 각국 대사관 사람들과 충돌을 일으켰다.

좌청룡,
우백호, 운량불,
전심, 현화신,
후심……

좌청룡,
우백호, 운량불,
전심, 현화신,
후심……

먼저 천왕장을 청하고 뒤에 흑살신을 청하라!

와, 정말 대단한 권법일세!

태후께 그대로 보고하겠네.

우리 의화단은 청에 무조건 충성하며 중원에서 양인을 몰아내고자 합니다.

신이 직접 살펴본 결과, 의화단은 충의지사로 구성되어 그들을 믿고 양인에 대항해도 괜찮습니다.

다른 국가와의 전쟁에서 번번이 패하는 실정인데 난민들만 믿고 양인의 화를 돋워서는 안 됩니다.

나도 양인과 얼굴을 붉히고 싶지 않소. 하지만 지금 무례하게도 그들이 청의 내정까지 간섭하려 하고 있소.

맞습니다. 태후께서 광서제를 폐하려 하자 양인들이 모두 반대한 건 정말 심했습니다.
흥!

이 난민들의 분노를 양인에게 풀지 못하게 하면 우리에게 다 돌아오게 된다!
현명하십니다!

대사관 지구

너희들은 창으로 찔러도 끄떡없다고 했으니 이를 보여줄 차례다.

형제여, 나를 따라 주문을 외라!

칼과 총도 내 몸을 뚫지 못한다.
칼과 총도 내 몸을 뚫지 못한다.
쿵쿵!

돌격하라!
우다다

탕
탕
탕
탕
탕

으윽!
악!

칼과 총도 몸을 뚫지 못한다면서 이리도 빨리 전멸하다니.
나 참!

계속 돌격 하라!
와!

한편 변법 실패로 영대에 갇힌 광서제는 서태후가 의화단을 사주해 열강과 대치한다는 소식을 듣고 서태후를 찾아갔다.

절대 외국과 전쟁을 벌여서는 안 됩니다!

가만히 영대에 있지 않고 왜 나와서 떠드느냐?

명령을 철회해
주시길 간청합니다.
열강과 대적하면
목숨을 부지하기
어렵습니다.

……

와─
탕
탕

잠시 싸움을
멈추라는 태후
의 명이오!

휴전
하라고?
아니
왜?

또 양인에게 과일과 쌀을 보내 위로하라고 하셨습니다!

그럼 지금까지 왜 싸운 거지?
저야 모르죠. 전 그저 명을 전할 뿐입니다.
??

8국 연합군이 천진에 상륙해 죽은 동료의 복수를 하겠다고 선포했습니다.
뭐?

너무 놀라지 마십시오. 신이 의화단을 재촉해 양인을 몰아내겠습니다.
서둘러!
빨리, 빨리 가 봐라!

양인도 별것 아니다. 그들이 총으로 요술을 부리는 것뿐이라 분뇨를 바르면 통하지 않는다!

돌격!

펑!
펑!
펑!

윽!
악!

죽일 놈들, 받아라!
앗!

맛 좀 봐랏!
촤악~

으악!
탕!

이건 뭐지? 냄새가 너무 지독해!

똥오줌이 잖아!!
가증스런 놈들!
으악...

놈들을 모두 죽여라!

도망가자!

탕!
탕!
으악!
윽!

도망치는 자는 내 칼에 죽는다!
허걱

놈들이 너무 강해서 그들과 싸우면 바로 죽습니다!
너희 난민들은 청과 양인 간의 전쟁을 일으킨 주범이다. 절대 달아날 생각 마라!

계속 응전해라. 그렇지 않으면 이곳은 너희의 무덤이 된다!

다시 양인과 맞서 싸워라!
미치셨네!

천진이 함락되고 직례 제독 섭사성이 순국했습니다.
뭐?

그럼 의화단은?

반은 죽고 반은 도망갔습니다!
끝장이구나.
이런-

강의! 양인과 싸우자더니 지금은 어쩔 거요?
어?

잠시 산서로 피신해 공격을 피하십시오!
휴, 정말 머리가 아프구나!

1900년 8월, 서태후는 광서제를 데리고 황급히 태원으로 달아났다가 다시 서안으로 갔다. 도중에 그녀는 열강에게 화친을 청하고, 또 각지 관료에게 의화단을 처벌하라고 명했다. 이때 8국 연합군은 이미 북경을 점령했다.

불평등조약인 신축조약을 체결하다

8국 연합군은 북경을 점령한 후 살인과 약탈을 자행했다. 서태후는 양광총독 이홍장에게 연합군과 화친을 맺으라고 명했다.

러시아 대사관

이 전쟁으로 우리의 우의에 금이 가길 원치 않소.

그로스 선생, 청과 러시아는 일본에 대해 공통된 목표를 가지고 있습니다.
이 대인의 생각을 들어보고 싶은데요.

우리가 중국에서 러시아의 이익을 최대한 보장할 테니 귀국이 연합군의 제재를 최소화 시켜 주시오.

문제는 대인이 친러파라는 사실을 다들 알고 있어서 대인을 협상 전권 대신으로 인정하지 않을 거란 점이오.

태후께서 이미 경친왕 혁광을 보내셨소.
경친왕이 온다면 각국의 반감도 조금 누그러지겠구려.
협상이 순조롭게 진행되도록 최대한 노력해 보리다.
부탁 드립니다!

독일의 발더제 선생, 이것이 우리의 협상 조건입니다.

중국이 전범을 처벌하지 않으면 어떤 협상노 신행될 수 없소!
억지 트집을 잡고 있군.

태후께서 이미 단군왕 재의, 장친왕 재훈 등을 처벌했는데 전범을 처벌하지 않다니요?
흥, 당신네 태후가 바로 최대 전범이오!
무례하오!

경친왕, 참으세요……
이……

그럼 어떻게 할까요?
이건 우리가 작성한 전범 명단이니 이들을 모두 처형하시오!

발더제 선생, 이미 태후의 지위를 보장하기로 약속하지 않았소?
하지만 다른 전범에 대한 처벌이 약해 전혀 만족할 수 없소.
이쯤에서…

재의, 재훈,
부정, 재렴, 재형,
재란, 동복상, 강의,
조서교, 영년……
모두 청의
황실과 중신
인데
이 조건을
어떻게 받아들
이란 말이오?

여러 말 필요
없고 알아서 처리
하시오!
이… 죽일
놈들!

이홍장의 처소

콜록
콜록

연합군이 제출한 처벌 전범 명단에 대해 태후께서 여전히 따르지 않고 계십니다.

내 목숨이 여기서 다할 것 같구나.

발더제에게 내가 죽으면 협상이 무기한 연기될 것이라고 전해라.
그렇게 되면 중국과 가까운 러시아와 일본이 가장 유리하다고 말이다!

쿨럭 쿨럭 …!
대인!

연합군에서 새로운 협상 조건을 제시했습니다!

빨리 한번 보자.

이러면 청의 주권은 어디 있단 말이냐?
이런 날강도들!!
꾸깃―

무기와 무기 재료의 청 반입 금지, 배상금 지급, 도성에서 해변까지 각국의 군대가 주둔하고 지킨다……

대인, 조건을 수용할까요?
……

이 원문을 태후께 전보로 보내 동의하시면 서명하자.

1900년 말, 서태후는 열강이 제출한 12개 조의 협상안 '의화대강'을 수용하겠다고 밝혔다.

태후께서 '의화대강'에 비준하셨으니 오늘 서명합시다.

참, 이것 외에 전쟁 배상금 문제가 남았는데 각국에서 아직 통계가 확정되지 않았소.

혁광은 왜 안 온 겁니까? 그가 서명하지 않은 조약도 인정되는 거요?

여기 자리한 사람 모두 전권대신이라 우리가 서명하면 되오.
그럼 됐소.

혁광이 체면
이 깎일까 봐 젊은
사람들을 보내 굴욕
적인 조약에 서명
하게 했구나.
시간이 멈춰
버렸으면
좋겠어.

이런 불평등한
조약에 서명을
해야 하다니,
정말 분하다!

난 다 했다.
너희들도 다
했느냐?

대인이 마관
조약에 서명했을
때 다들 매국노라
욕했는데
제가 지금
그 심정을
십분 이해하
겠습니다.

나라가 빈약해서 흥정해볼 여지도 없구나!
이런 조약에 어찌 서명한단 말이냐?

젊은이는 앞길이 창창하니 늙은이가 서명하겠네.

콜록 콜록
이 대인!

연합군이 요구한 배상금이 10억 냥입니다.

콜록!
콜록!

대인!
괜찮으니 나가서 일 보게.

이 대인이 중병에 걸리셔서 못 들어 갑니다!
내 꼭 이홍장을 봐야 하네!

1901년, 중국과 8국 연합군은 의화단 사건 처리를 위해 신축조약을 체결했다.

청 정부는 열강에 9억 8천만 냥을 배상했는데 이는 당시 중국 연간 재정수입의 12배에 달하는 액수였다.

공화국을 향해 나아가다

청 말기에 관료와 지식인들은 서양의 기술, 제도, 사상 등을 도입해 위기에 빠진 나라를 구하려 했지만 모두 실패했다. 결국 손문이 앞장서서 혁명 운동을 이끌고 나서야 청 왕조를 무너뜨릴 수 있었다.

손문은 손중산으로도 널리 알려져 있다. 그는 일찍부터 나라를 멸망의 위기에서 구하려면 가장 먼저 부패한 청 정부를 뒤엎어야 한다고 생각했다.

1894년, 손문은 애국 화교들과 함께 미국 하와이에서 흥중회를 설립했다.

흥중회는 왕조 교체 없이 민국 창건을 목적으로 한 최초의 혁명 조직입니다!
열
변

외적을 몰아 내고 중화를 회복하여 합중국을 수립합시다!
외적을 몰아 내고 중화를 회복하자!

하지만, 안타깝게도 당시 조건이 성숙되지 않은 데다 청 정부의 힘이 여전히 강해 손문의 시도는 실패로 막을 내렸다.

청일전쟁에서 청이 패전한 후 강유위가 변법자강 개혁을 주도했지만 혁명은 여전히 갈 길이 멀었다.

무술정변 후 강유위는 해외로 망명하고, 손문은 강유위와 힘을 합치고 싶었지만 강유위는 단호히 보황파로 자처하며 혁명을 배척했다.
합중국은 싫소!

이때 보황파와 혁명파 간에 치열한 논쟁이 벌어져 장태염, 진천화 등 혁명지사가 무대에 등장해 민중을 계몽하는 역할을 했다.
報蘇
民報
警世鐘
革命軍

8국 연합군이 중국을 침략하자 사람들은 청 정부의 부패와 무능을 보고 크게 실망했다.

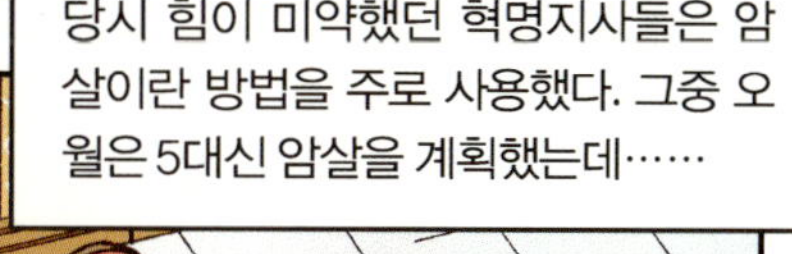

당시 힘이 미약했던 혁명지사들은 암살이란 방법을 주로 사용했다. 그중 오월은 5대신 암살을 계획했는데……

5대신이 출국해 헌정제도를 배운다던데, 청 정부를 도와 민중을 마비시키는 이런 헌정은 쓰레기라고!
오월, 어쩔 계획인가?

그들의 출국을 저지하기 위해 기차역에서 5대신을 암살할 생각이네.

실패 후 체포돼 모진 고문을 받아 동료들을 부는 걸 막기 위해 스스로 벙어리가 되겠네!
아!

이봐, 밀지 마!
어……
어……

벙어리, 앞으로 오지 마라. 여긴 5대신의 칸이야.

삐익……
으야!
거기 서라!

콰앙!

암살 시도는 실패로 돌아가 5대 신은 가벼운 부상만 입었다. 하지만 오월의 희생을 두려워하지 않는 정신은 혁명가들에게 좋은 귀감이 되었다.
무슨 일이야?

당시에는 황흥이 이끄는 화흥회와 채원배의 광복회 등이 반청 활동을 조직했는데,
다들 힘을 합쳐야만 혁명이 성공할 수 있다고 인식했죠.

1905년, 일본 동경에서 흥중회, 화흥회, 광복회가 합병해 동맹회를 조직하고 중국 혁명을 함께 이끌었다.
우리의 단결된 힘을 보여 줍시다!
쩌렁
쩌렁

10년, 20년이 지나면 우리의 문명은 서양의 수준에 도달하고 심지어 서양보다 앞설 수 있소.

중국의 운명은 우리 4억 동포의 손에 달려 있소!
일치단결해 공화국을 건설하자!

나 손문은 하늘에 맹세하오. 외적을 몰아내고 중화를 회복하며, 민국을 건립하고 토지 소유권을 평등하게 분배하겠소!
선서!
나 황흥도 충성을 맹세하오! 만약 이 약속을 어긴다면 천벌을 받을 것이오!
황흥
중국 동맹회 성립을 정식으로 선포합니다!
만세! 만세!
동맹회는 각지에서 일어난 기의를 이끌었는데, 그중 1910년 광주 기의가 가장 큰 규모였죠.

결혼한 지 얼마 안 된 24세의 임각민도 이번 기의에 참가했다. 그는 필사의 각오를 품고 아내에게 유서를 남겼다.

안녕, 당신이 이 편지를 받을 때쯤 나는 이 세상 사람이 아닐 거요……
내가 스스로 사지에 뛰어든 건 당신을 사랑하지 않아서가 아니오.
반대로 당신을 너무 사랑해서 온 세상의 연인이 가정을 꾸리길 바라기 때문이라오.
탕!
탕!

우리 둘의 행복을 희생해 온 세상 사람이 영원히 행복해지길 바라는 일이니 너무 슬퍼 마시오.
여보…

아이가 벌써 다섯 살인데 잘 키워서 내 뜻을 이어받았으면 좋겠소.
영혼이 있다면 죽어서도 영원히 당신 곁을 지키겠소.
안녕!
탕!
탕!

231

임각민은 포로로 잡힌 후 의로운 죽음을 맞고 71명의 열사와 함께 황화강에 합장되었죠.

미국 덴버
이처럼 자랑스럽고 희생을 두려워하지 않는 동지들은 거듭된 실패에도 불구하고 절대 좌절하지 않고 1911년 10월 10일에 무창 기의의 총성을 울렸는데……

손 선생님, 무창의 동지들이 기의했습니다!

봤네, 봤어. 신문에서 무창이 이미 혁명당에 점령되었다는군.

해외를 떠돈 지 너무 오래됐으니 이제 고국으로 돌아가자!
아~ 나의 조국!

무창 봉기에 영향을 받은 각 성의 혁명가들도 잇달아 기의에 나섰다. 남방은 순식간에 청 정부의 통치에서 벗어났고, 손문도 마침내 10여 년간 떠났던 조국으로 돌아왔다.

손 선생, 중화민국의 임시 총통에 선출되신 걸 축하합니다!

이번 귀국에서 돈과 무기는 얼마나 가져오셨습니까?

내가 빈손으로 돌아왔지만 나라에 가장 필요한 물건을 가지고 왔소.
네?

바로 혁명 정신이오!
혁명 정신

1912년 원단에 손문은 남경에서 중화민국 임시 총통에 취임했다. 중화민국은 중국 역사상 최초의 자산계급 공화국이다.
여러분~
나 손문은 엄숙하게 맹세합니다. 반드시 만청의 전제 정권을 전복하고 중화민국을 공고히 해 민생의 행복을 도모하겠습니다!
민국에 충성하고 인민에게 복무하며 자유롭고 안정된 나라를 건설하겠습니다!
와―
멋진 연설이야!
우리 중화민국은 반드시 세계 강국 대열에 설 것입니다!
민국은 일련의 법령을 반포하고 국민에게 선거, 출판, 언론, 집회의 자유를 줄 것입니다!

또한 고문, 궤배跪拜, 전족 등 구중국에 존재하는 악습을 철폐해 국민의 지지를 얻을 것입니다.

이때 청 내각도 변화가 생겨 대권은 원세개의 손아귀로 들어갔다.
府統總

원세개는 겉으로 공화에 찬성했지만 일찍이 광서제와 유신파를 배신해 진심으로 공화에 뜻이 있는지 믿기 어렵소.

손 선생, 화친에 동의하지 않는 건 총통 자리가 아까워서 아닙니까?

왕정위, 총통에게 그렇게 말하는 법이 어디 있소?
……
어허!

원세개가 교활하고 간사하지만 청을 전복하는 데 도움이 된다면 그를 믿어야겠죠.
원세개가 공화를 인정하고 지지한다면 기꺼이 자리를 양보하겠소!
그에게 총통 자리를 맡기면 임기가 몇 년 안 돼도 전쟁을 멈출 수 있어 국민들이 편하게 살 수 있습니다!
……
1912년 2월 12일, 원세개가 선통제宣統帝의 퇴위를 압박해 청의 통치는 마침내 막을 내렸다.

-끝-